# あなたの中のリーダーへ

西水美恵子
MIEKO NISHIMIZU

英治出版

# はじめに

パキスタンの山奥で鬼を見た……。

貧困の体験学習を勧める現地NGOの世話になって、パキスタン北部カシミールの離村にホームステイに入ったときのことだった。

やっとの思いでたどり着いた村は、ヒマラヤの急斜面に拓かれた棚田にへばりついていた。その片隅にひっそりと、まるであたりをはばかるかのように、目指す農家が立っていた。粘土遊びで作ったような小さな家に一歩踏み入れて、アマ（お母さん）と呼ぶべき人に会った途端、鬼が暴れだした。

「嫌だ！　水道も電気も何もない貧しい村で、読み書きもできない無学な人に身の安全を委ねることなど、できやしない！」

その鬼を醒めた目で見つめるもう一人の私が、そこにいた……。

貧困解消を使命とする世界銀行で働いているくせに、貧しい人を見下していた自分を見た。

無意識な偏見とは言え、無意識だからこそ、恐い。悪寒が背筋を走り、ザワザワと鳥肌が立った。

アマが何か言いながら、私の背中をさすり始めた。「かわいそうに。ヒマラヤの夕暮れは急に寒くなるから」と、付き添いのNGO職員が訳してくれた。自分のショールを外して私の肩にかけ、アマはさも満足したようにうなずくと、翌日からの日課を語り始めた。

「早朝、日の出前、まず水汲みに出る。泉まで一時間裏山を登り、また一時間かけて下る」

「それから子供たちと朝食。朝はお茶とパン一切れ。そしてヤギに餌。涼しいうちに畑仕事に出る。麦と野菜は家族で食べるだけ。売るほど作る土地はない」

「昼前、また水汲みに山へ入る。

一時間山を登り、また一時間かけて下る。
山の日差しは強いから、昼の水汲みはつらい」
「昼食は子供たちにはお茶。
あなたと私は水だけ。
午後は家の掃除、ヤギの餌集め、薪集め。
水が余っていれば洗濯もする」
「日が落ちる前、また水汲みに山に入る。
疲れているから夕方は時間がかかる」
「夕食はヒラマメのスープとパン。
そして寝るまで暗闇の中で子供たちと話す。
私はこの時間がいちばん好きだ」
アマは、一息つくと、こう付け加えた。

「くる日もくる日も、同じことの繰り返し。
気が狂ってしまうかと思う時さえある。
これは人間が営む生活ではない。
動物のように、ただ体を生かしているだけ……」

「夢はただひとつ。
子供たちが教育を受けて、こんな生活を繰り返さないように。
けれど、それさえかなわない。
自分が病気になったら皆飢え死にする。
それが恐ろしい……」

諄々《じゅんじゅん》とまるで私の鬼を諭すかのようなアマの語りが終わったとき、涙が堰《せき》を切った。痩せ細ったアマの手が、また私の背を優しくさすってくれた。その温かさが体の隅々まで染み渡ったとき、まるでポケットを裏返すように、体がひっくり返った気がした。

あのとき、本気にスイッチが入ったのだと思う。自分という洋服を、それまで裏返しに着ていたようなあの感触は、今でも体に残っている。

人間、本気のスイッチが入ると、傍から見ればとんでもないとさえ思えることを、平気でするようになるらしい。見逃してしまうようなありふれたことに、だからこそ捨て身でかかる意気込みが、自然体になってしまうのだろう。


世界銀行の官僚的な組織文化を変えなければいけないとはわかっていても、それまで長年躊躇《ちゅうちょ》し続けていた。が、やっと肝が据わった。

「アマの夢をかなえる！　それができる世銀をつくってみせる！」

ホームステイを終え、米国首都ワシントンの世界銀行本部に戻ったとき、本気のスイッチがカチカチと音をたてた。上司と同僚、部下たちにホームステイの体験を報告して、こう結んだ。

"Watch out! Mieko you knew is no longer."（要注意！　あなたが知るミエコはもういない）

世界銀行の現場では、貧困解消の夢を妨げる権力者の腐敗と戦うリーダーを探し、彼らの補佐に徹した。皆そろって本気のスイッチが入った人々だった。だからこそ、自分の仕事は「憎まれ役」だと笑って盾になり、「どうせやるなら大々的に」と、喜んで喧嘩《けんか》を買い続けることができたのだろう。*1

仕事を共にしたリーダーたちから授かった教えは、カシミールのアマの夢をかなえうる世界銀行の改革に応用し続けた。本書につづった組織文化の改革や、女性差別への挑戦に関する数々は、その貴重な学習と結果のいろいろを紹介している。

しかし、カシミールでの体験以来、妙に母国のことが気になりだした。現場にいても、職場に戻っても、いつも日本を気にかけていた。

本書で取り上げたいろいろなテーマのほとんどは、長年胸に抱いてきた気がかりにつながっている。政治と行政に携わる人々の仕事意識と組織文化。政策や経営の品質。国家と企業の危機管理への覚悟。財政問題はもとより、人口減少や高齢化など、国が抱える長期課題への対処。そしてまた国際的なオピニオンリーダーらが眉をひそめる日本の男女雇用格差や、国民の大半が支持する死刑制度……。

どれひとつをとっても、なぜか「本気」が見えないと感じていた。長い海外生活のせいで、情報がつかめず、自分の感覚が麻痺しているのだろうかとも思った。

しかし、世界銀行を辞して帰国する機会が増えると、同胞の多くも同じ懸念を抱えていると感じるようになった。報道界や出版界から巷にあふれ出るさまざまなリーダーシップ論が、本気のスイッチが入ったリーダーへの渇望を示唆しているように見えた。

だから、自分の小さな体験を母国の未来を担う人々に伝えたいと願うようになった。本気のスイッチを入れるのは、誰よりもまず自分からなのだと、知ってもらいたかった。

ふとしたご縁が、その願いをかなえてくれた。電気新聞から「時評ウエーブ」の執筆依頼をいただいたのだ。*2 二〇〇八年四月から毎月一回の頻度で書き始め、驚くほど大勢の読者から励ましをいただいた。

三年目を終えた昨年三月、そろそろ潮の引き時かと感じ始めた頃、東日本大震災が起きた。多くの読者から、次から次へとメッセージが届いた。皆、まるで口を合わせたように、こう伝えてくれた。「やっと本気のスイッチが入りました!」

危機管理や、節電の話など、古いコラムの幾つかの再掲載を望む読者の声も多かった。震災後数カ月間のコラム(本書一八五頁以下に収録)が、古いテーマを煮直しているのは、読者の希望に添うためである。

四年間、毎月一回書き続け、やはり潮の引き時が訪れた。そして、多くの方々のご支援のおかげで、今回集積して本となった。

毎回的確なアドバイスや感想を寄せてくださり、コラムを書き続ける励みをくださった電気新聞編集局の新田毅様、日暮浩美様、一場次夫様と、大勢の読者の皆様。「時評ウエーブ」とのご縁をくださった太田善夫様。ご多忙中にもかかわらず本著の解説を快く引き受けてくださった藤沢久美様。出版界に不慣れな私を導いてくださった英治出版の高野達成様と全社員の方々。その他書ききれないほど多くの方々のご支援に、厚くお礼を申し上げたい。

この本が、我が同胞、特に日本の未来を担う若い世代にとって、本気のスイッチを入れる小さなきっかけとなれたら、この上ない喜びである。

愛する母国の未来のために。

平成二十四年皐月吉日
英国領バージン諸島にて

＊1　参照：『国をつくるという仕事』（英治出版、二〇〇九年）。
＊2　電気新聞は、一〇〇年を超える歴史を持つエネルギー業界の総合日刊紙である（一九〇七年に電気新報として創刊）。発行部数は約七万二〇〇〇部だが、並外れて高い回読率（一部につき平均十人を上回る）が特徴で、読者数は約七十三万人と推計されている。読者層はエネルギー業界に限られず、情報通信、建設、金融、サービス業、教育・研究施設、官庁・自治体など各界に及び、経営陣や中堅管理職層が中心である。「時評ウエーブ」は、一九九八年三月に始まって以来、最終紙面に連日掲載される人気コラム。エネルギー・環境から経済、社会、スポーツまで、さまざまな分野で活躍する多数の執筆陣が、自由に意見を述べる趣旨を一貫している。

あなたの中のリーダーへ　目次

＊本書は二〇〇八年四月～二〇一二年三月に『電気新聞』の「時評ウエーブ」にて連載されたコラムに若干の加筆修正を行い一冊にまとめたものです。

＊著者の意向により本書の印税はすべて「雷龍の国」ブータンのタラヤナ財団に寄付され、貧しい家庭の児童の教育費等に役立てられます。

# 第一部　本気のリーダー　本気の仕事

# 決して忘れずに！

政治家が「国民の目線で」と言うのを、しばしば耳にするようになった。本気なのかと疑うのは、私だけだろうか。

世界銀行の部下に意思が伝わらず、悩んだ昔を思い出す。相談にのってくれた経営コンサルタントに「悩むと損」と、笑われた。「人間の耳は選り好みをするし、自分に都合よく聞き取るようにもできている。だから、何事も繰り返すこと。壊れたレコードのようにね。自分自身に聞き飽きて、うんざり諦めかける頃、やっと通じるものなのだ」。半信半疑で試してみたら本当で、人の上に立つのは難しいと、心底感じ入った。

人間の五感はみな同じ造りなのか、他人の目線に我が身を置くことは、易しそうで難しい。言語と文化を共有する日本人の間でもそうだから、全世界から集まった職員が地球の隅々まで散らばって勤める世銀ではなおさらのこと。

そのうえ、ほとんどの職員が経済的に恵まれた家庭の出身。貧苦を知らない。世銀の使命は

ホームステイのためインドの貧村に到着し、村人の歓迎を受ける著者と世界銀行職員

「貧困のない世界を創る」こと。発展途上国の国民は、株主であり顧客でもある。本気で貧民の目線に立つ努力をしなければ、大間違いのもとになる。

だから、部下全員に担当国の貧村で一～二週間ホームステイをするようにと貧困の体験学習を促した。躊躇する部下を励まし、「民の汗水が我らの給料だ。決して忘れるな！」と叱り、それでも拒否すれば「部下とは思わない」。もともと頑固者だが、いくら陰口をたたかれても通したのは、自分の恥ずかしい体験があったから。

融資担当職に転任直後、パキスタンで付き合いのあったNGO会長に勧められて貧村ホームステイをした。ホストファミリーに荷を解いた途端、心の片隅に潜んでいた偏見が幽霊のごとく現れた。非識字の貧民をアパ（父）アマ（母）と呼び、自

ホームステイを終え、送別会で村人たちに感謝する著者と世界銀行職員

分の生きる術を託すことに、大きな抵抗を感じた。無意識にでも貧しい人々を見下していた自分を見て、ぞっとした。

小学校にも行けなかったアパとアマは非識字を記憶力で克服し、知識欲旺盛だった。BBCラジオのウルドゥ（パキスタンの国語）サービスで世界情勢を把握し、為替市場の変動まで知っていた。畑仕事や水汲みをしながら投げかける為替レートや財政・貿易政策に関する鋭い質問に答えられず、「博士号を返上しようか」と悩む私を見ては笑いこけた。アマに「学問の有無と、知識や英知の有無を、とり違えないように」と諭された。

貧しい人々の視点からこの世をのぞく知恵も授かった。アパもアマも、素晴らしいリーダーシップの持ち主だった。貧しいからこそ、何事にも捨て身で挑戦する勇気に恵まれていた。村の貧しさの原因を考えぬき、世銀など考えも及ばないほど斬新な対策案を持っていた。実現への障害は、貧民の意見など聞く耳さえ持たない政治家と役人。村人は政治さえ良ければと悲しみ、欲と金で動く傲慢な権力者を悪魔と呼び、「ミエコが来るまでは世銀も悪魔の仲間さ」と笑った。その可能性は低くないと気付かされて、またぞっとした。

貧村滞在を必須として、組織の意識改革を始めても、迷いがあった。そんなとき、ハーバードの経営学教授が、某ＩＴ企業の実例を教えてくれた。ＩＴ技術専門社員を小売店に配置。新製品を買う客に頼み込んで家や職場まで追従。箱を開けてから製品が動きだすまで、客の一挙一動も見逃さずに観察。その体験は社員の顧客意識を情熱化し、短期間で組織のＤＮＡを変え、使いやすく壊れぬ製品の開発につながり、会社を大飛躍させたそうだ。迷いなど吹っ飛んだ。

本気で「国民の目線」をとったら、後期高齢者問題など起こらなかったはず。年金・社会保障制度に携わる政治家と官僚に、一円も無駄にできない生活苦を体験してもらいたい。国民の汗水を給料に頂戴する身を、決して忘れずに！

（二〇〇八年七月）

## 会社の命にかかわること

人口減少を目前に「労働人口が減るから困る」と騒ぐ財界人が多い。可能労働人口の大半を無駄にして何を言うのかと、呆れる。ガラスの天井や差別待遇に何人の女性が働く意志をなくしたことか。女だから言うのではない。理由は、It's good for business! 強いて訳せば「会社の命にかかわる」

世界銀行職員組合で女性問題を担当していた頃、世に先駆けて女性進出を促進したカナダの某銀行総裁に会う機会があり、動機を尋ねた。彼の答えは簡単明瞭。「顧客の半分以上が女性だ。男の視点だけでは、顧客のニーズを把握できない。金融サービス業の命にかかわることだと、腹の底から信じたから」

世銀も同じとピンときた。吉田松蔭の言葉を借りれば、母は「百万人の教師に勝る」。だから女性は次世代を変える。女の視点を欠く仕事は、非援助国民の半数どころか大半を見逃す。中途半端な融資は、いつか世銀を駄目にする。

パキスタンの北方領土で、離村の女衆とくつろぐ

男所帯のパキスタン現地事務所に女性をと、所長を説得したときもそう言った。すぐ動いてくれたはいいが、結果が出ない。「技術系の応募資格を持つ女性が少ない」。「イスラム教国だから難しい」。数々の理由は至極もっともで、これは時間がかかるぞと覚悟した。

大間違いと気付いたきっかけはアフガニスタンとの国境付近を視察中に起きた、小さな「事件」。パーダ（イスラム原理主義社会に見られる女性外出禁止等の慣習）に従う村に入ったとき。世銀融資の結果報告にと輪座して、青空会議を開いてくれた村人は、風船のようなターバンを頭に、カラシニコフ自動小銃を無造作に抱えていた。会を終え、礼の挨拶に立ち上がったら、子供数人が「おばさん」と駆け寄って来た。銅色に焼けた男衆の顔がほころんだ。ふと思い立ち「お父さんは、あなた

パキスタンとアフガニスタンの国境付近で、学校に行きたいと訴える少女の声に聴き入る

たちのために汗を流して」と村の団結を褒め讃え「父を見習え」と教えた。

顔をくしゃくしゃにして喜んだ村長が、「家に来てくれ、妻と娘を紹介したい」と誘う。同行の所長と職員らが一瞬ひるんだ。女衆は土壁の要塞に守られた民家に潜む。会うことは、紅一点の私にしか許されないからだ。

外界から遮断された中庭での半日、目から剥がれ落ちた鱗《うろこ》は数えきれない。「娘を就学させたいが女子の徒歩通学には危険な土地。世銀はなぜスクールバスをぜいたくと言う」と怒る村長夫人。「妻にも読み書きを学ばせたい」と夢見る村長。男尊女卑のパーダの村は女子教育を嫌うというのが、専門家の定説だった。鵜《う》呑みにしていた自分が、恥ずかしかった。

日が西に傾く頃、門を出た私を迎える男性群の顔はまっ青。「諸君のボスは女性失格！」と笑わせた。ボスが学んだ教えの数々に、目を丸くして聞き入ってくれた。

あの銀行総裁の最も大切な言葉を、聞き逃していた。「腹の底から信じた」ら、情熱という名の力が湧く。「事件」を知ったパキスタン事務所が、総ぐるみ熱くなった。「僕らの恥。世銀が危ない」

現地職員の情熱が、新しい方法を編み出した。応募資格のある女性は確かに少ないから、待つだけ損。候補者探しを積極にと言う彼らに、地球単位でと助言した。「海外で活躍するパキスタン女性は多い。世銀なら帰国を考えるはず」

しかし、喜び勇む部下に待ったをかけた。「いくら有望な候補者を発掘しても、女性優先採用は禁止する」。喧々囂々《けんけんごうごう》の議論の末、男女双方の差別になると、納得してくれた。「無意識差別がないように、面接員は男女半々」。「一般職員も面接員に入れて、透明性を高めよう」。次々と出る斬新な意見に、一同奮い立った。

差別を克服した人材は、選考トップになる確率が高い。続々と入る女性職員を歓ぶ日。その日はあっという間に到来した。


（二〇〇八年八月）

# 人の命にかかわること

本物のチームワークは一足す一を二以上にするが、男女混合のチームは、それを大きく上回る力を持つ。男女の異なる観点がお互い補いあって、包括的で刷新的な仕事が可能になり、進取の気概に富むチームが成長する。女性社員を増やすメリットが、ここにある。

簡単な理屈だが、経営陣の頭とハートがつながらないと、組織に本気でやる気は起こらない。実体験が最も早い近道なのだが、女性が少ない職場では難しい。

その悪循環を破ってくれと、男の組織文化が強い某国際機関に頼まれたことがある。世銀で体験していたことをぶつけてみたらよく効いた。そのときの講演が手元にあるので、抜粋和訳してみよう。

「世界各国が直面する開発問題への解答は、『何をすべきか』にではなく『すべきことをどう捉えるか』に在る」

「エネルギー関係の仕事に就く皆さんは、電力という言葉から何を連想するのか?（……点滅スイッチの音……発電所……風力発電機……太陽光発電パネル……）なるほど……。皆さんが抱くイメージには、女性の影さえ写っていない！（笑）」

「その女性のいる所へ案内しよう。目を閉じて聞いてほしい」

「インドの内陸奥深い在所。わらぶき屋根に土壁の農家。真っ暗な家の中。かまどからちらちら漏れる薪の火。猛煙の中に土間にしゃがんだ人の影が浮かぶ。背の乳飲み子をあやしながらパンの生地を練り、平らに潰してかまどの壁にたたき付け、煮えたぎる鍋の中身をかき回し、くるくる働くその人。乳飲み子の小さな咳《せき》が止まらない。苦しそうに泣く子の背をたたきながら、その人も咳き込む。振り返って恥ずかしそうに微笑む彼女の目は真っ赤に充血し、止まぬ涙で頬がひび割れている……」

「かまどの煙は、数々の病気を大きく上回る死亡原因。その煙が毎年二〇〇万人の女子供を世界中の途上国で殺している。インドでは、母親の背で煙にさらされる幼児の急性呼吸器官炎症や伝染病の感染率が通常の六倍にもなる。きれいな電気を引くだけで、五歳以下の幼児死亡率が半減する」

「また目を閉じて、聞いてほしい。痩せ細った少女が薪を運んできた。ひと束は頭に、もうひと束は腰に、灼熱《しゃくねつ》の空の下を何時間もかけて集め歩いた薪。その薪を土間に置いてしゃがみ込んだまま、死んだように動かない。二十歳に満たない彼女のお腹が大きい……」

ホームステイをした農家の台所で、バターづくりを手伝う

「薪集めや水汲みの重労働に女性が一日平均六時間を費やすインド農村地帯では、流産の率が三割にもなる。その重労働は、農村での発生率が異常に高い子宮脱出症の主要原因でもある。煙たい台所に入り浸る妊婦の死産率は、通常の倍ほどの高さになる。医療部門の援助のみでは防げないこと。癒やす力は電力なのだ」

「人の命や病の苦しみを金に換算することはできない。しかし、無煙かまどを備えるだけでも、毎年一人あたり五〇〇〇円から一万円の医療費が節約され、それだけ国の財政負担も節減される。電気を引けば、その倍の一〜二万円の節約になる。貧民人口世界一のインドはもとより、途上国経済に与えうる影響は、膨大だ」

「室内汚染は殺人魔。この発見は、電力開発事業の社会利益に対する判断基準を大きく変えつつある。その問題に焦点をあてたチームは私の部下。医学者や、エコノミスト、エンジニアなど多分野から集まった専門家が、情熱をひとつにして成し遂げた」

「しかし、男女混合のチームだからこそできた仕事だ。そもそもかまどの煙に潜む魔を体で知り、人の命にかかわることと組織を動かしたリーダーが、女性だった」

「人類の半分を見落とすのは思考障害と同じこと。ばかだったと皆で笑える日は来る。必ず来る」

すべきことをどう捉えるか。その違いが組織を変え、国を変え、地球を変え、人の命さえ救う。

（二〇〇八年九月）

## 逃げるな卑怯者！

世界銀行は、一九五三年から六五年まで、日本経済の戦後復興に多額の資金を調達した。電力部門が多く、関西電力（多奈川火力、黒部川第四水力）、九州電力（苅田《かんだ》火力、新小倉火力）中部電力（四日市火力、畑薙《はたなぎ》水力）、北陸電力（有峰《ありみね》水力）、電源開発（御母衣《みぼろ》水力、九頭竜《くずりゅう》川水至長野・湯上発電所）と、ずらりと並ぶ。

生活に欠かせない電気はもちろん、トヨタ自動車、愛知用水、羽横線（羽田空港・横浜間の高速道路）等、なじみ深い件数が多いと言うと、必ず驚かれる。東海道新幹線もと列《つら》ねたとき、学生に「嘘！」と言われて、びっくりしたこともある。

その新幹線に乗るたびに、世銀を誇らしく思い、頭が下がる。金を貸したからではない。世銀の理想像を見るからだ。

国鉄で新幹線の仕事にかかわった母方の叔父が「外貨融資がほしかったわけではない」と、教えてくれた。世銀の付加価値は「世界最先端にある開発事業評価のノウハウだった」と言う。

世銀は、融資の有無にかかわらず、調査依頼を快く引き受けた。秀でた調査が報告書に残る。日本列島交通網の未来像を、陸・海・空と包括的に描き、旅客専用高速鉄道なしには鉄道そのものが斜陽化するだろうと分析。鉄道が地形に適する国は少ない。無駄にするなと警告した。

この調査は、国鉄と日本の未来を憂えるリーダーたちに悦《よろこ》ばれた。新幹線反対運動に対応する「正の盾」のひとつにもなっただろう。政治的に動かぬ客観的な分析と、その結論の歯に衣着せぬ世銀の姿勢があったからこそのこと。

後日新幹線の融資要請を受けた世銀は、日本に足りなかったソフト面でのノウハウを提供し続け、日本からも学ぶ謙虚な姿勢を崩さなかった。「新幹線を造る技術は国鉄にあったから、世銀の鉄道屋さんに教えることのほうが多かった」と、叔父が誇る。大型事業の評価に使う「コスト・ベネフィット（費用・効果）分析は、世銀さんに教えてもらった。後々までたいへん役に立った」そうだ。

ちなみに「グリーン車」の名付け親は、世銀。料金設定を手伝う世銀職員が、「一等車」は身分階級を匂わすと嫌う国鉄チームの民主精神に感激し、考えたらしい。

世銀の本命は、金より知識の提供だ。持続性が高い事業は、ローカルとグローバルの両知識が融合してこそ生まれる。現場の知識が主導して、国際知識が支援にまわり、顧客の目線に世界的な価値を加える。その結果、借金がいるならよし。いらなければさらによし。「金貸し」

新幹線貸出契約調印式。1961 年、世界銀行ワシントン本部で。前列右から十河信二氏（日本国有鉄道総裁）、ウィリアム・リフ氏（世界銀行副総裁）、朝海浩一郎氏（駐米日本大使）。後列右から兼松学氏（日本国有鉄道常務）、鈴木源吾氏（世界銀行日本担当理事）（写真提供：世界銀行グループ・アーカイブ）

に執着する銀行は、いつか潰れる。良い仕事を続ければ融資要請は探さずとも出て来る。

新幹線プロジェクトで、世銀はこの本命を見事に果たした。金融業はもとより、すべての国際企業にあてはまる理想像だと考える。

一九九〇年七月、日本は、借入総額八億六三〇〇万ドルを完済した。その日、上司が祝いのシャンペンを抜いてくれたとき、ふと新幹線の昔を顧みて、ハッとした。夢見る世銀の理想像は、夢ではない。確かに現実だったのだ……。

三十年の歳月が、その理想像を風化した。現地事務所が主導して本部が包括的なサポートに回るべきなのに、現実は逆の縦割り・中央集権型。事務所は、本部の意志を顧客に伝える郵便局同様だった。権限は皆無に等しく、いちいち遠いワシントンに「お伺い」をたてる。仕事が遅れる。現状に不適切な判断が多くなる。

世界各国の事務所には、国づくりの情熱に燃える優秀な人材が集まる。しかし「現地採用だから」と別扱いして、組織の宝を死なせていた。当時、大問題になっていた業務の質と融資総額の低下は、当たり前だった。そんな世銀に幻滅して、転職を真剣に考えていた。

新幹線時代の理想像に叱られた。「誰かが動かねば組織文化は変わらない。逃げるな卑怯者！」

（二〇〇八年十月）

## 小さな火付け役

大組織はどこでも官僚体質になりやすいのか、世銀も縦割り・本部主導型の年月が長かった。その組織文化をひっくり返そうと誓ってから五年ほど、夢を温めた。

現場の知識が先導して、世界最先端の知識を誘致。顧客の目線に添う草の根の行動を、世界規模で考える。全職員がビジョンと価値観を深いところで共有し、横につながる。本物のチームワークが所属部所や上下の柵を透明にして、業務は速やかに進む。チーム精神が専門分野の違いを財産に変え、包括的な仕事が主流になる……。

成す術なくとも、夢を見るのはいいものだ。嫌なことにぶつかると、夢を膨らます糧となる。うれしいことなら、なおさらのこと。やっかいな問題はすなわち挑戦だから、しめたもの。「おもしろい！」のひと言が、解決の糸口を招く。

夢がかなわなくても、働きがいを感じるようになった。不思議なもので、異床同夢の仲間が自然とまわりに集まってくる。ひとりぼっちの寂しさが消える。改革への心強い味方ができる。

輪郭だけの夢に骨肉がついてくる。

南アジア数カ国の融資局長内定を受けたとき、局長権限内に限られるとはいえ「さあ改革だ」とうれしかった。上司も同志。意気揚々と準備第一歩を踏み出して、事実は小説より奇なりと知った。

改革の経験はもちろん皆無だから、まるで荒海に落ちた金槌《かなづち》だった。旅は道連れ、部下を同志に引き入れて、夢見る職場を一緒につくればいいと、考えた。

まず人事ファイルを取り寄せたら、ワシントン本部採用のみのリストだった。人事局は「現地採用は別扱いだから担当各国の事務所に聞け」と真顔で言う。いくら中央集権型とはいえ呆れた。

世銀の電話帳を繰っても現地採用職員は載っていない。職員証明書さえ発行していない。総人数だけでもと人件費を調べたら「その他の欄に含まれているらしい」と会計責任者が謝る。部下の半数近くが幽霊だった。ぞっとした。

職種定義、採用・昇進基準、給与査定方法、有給休暇や産休、退職金制度など、幽霊人事をとことん調べた。ほとんどが事務所ごとに異なる「別扱い」。不透明で慣習的な性格が強く、幽霊どころか差別待遇だった。生命・傷害・健康保険の制度がないことを発見したときは、人事担当副総裁の部屋へ走った。彼女と顔を見あわせて、"contingent liability!"（不確定責任）と

世界銀行本部職員と南アジア諸国の事務所職員たちと、改革への話し合いをする

震え上がった。

現地通貨購買力を給与査定の考慮に入れる他は、全人事規定を平等にしたいと言ったら、彼女は総裁と共に全面協力をすると決断。まず我が局で実験的に改革を進めて、徐々に世銀全体へ広めるとの約束までしてくれた。

反対勢力は心配するほどではないと思ったが、甘かった。「現地採用」への無意識差別は人種差別同様。見えない差別は、公然とした差別より怖いと学んだ。

「現地採用を使うのはいいが使われるのは嫌」と見下す本部の心理が、さまざまな抵抗を展開した。電話帳記載のように簡単な作業でさえ、陰湿な妨害で一年以上かかった。優秀な現地採用職員の上級職昇進に「前例がない」と不合理な文句をつけた人事局長を、怒鳴りつけたこともあった。

「日本人副総裁が米国人を差別している」と米国理事に密告する部下までおり、改革の主旨を知る理事が「米国の恥」と謝りに来た事件もあった。

そんなある日、本部での研修に来ていた南アジア諸国の事務所職員数十人が「夢がかなった！　もう外来者扱いをされない」と、真新しい職員証明書を見せに来た。「ひとつずつ夢をかなえて、夢の世銀をつくろうね」と励ましたら、皆そろって泣きだした。私も泣いた。

ありふれた職員証明書が、小さな火付け役になった。部下の情熱を煽《あお》り、世銀のあちこちに飛び火した。組織文化が変わり始めた。


（二〇〇八年十一月）

## おねしょの教え

危機管理に怠慢な防衛組織の改革や、醜態が続出する年金行政への対応、消費者行政に関する新組織論などを見聞きするたび、首をかしげてしまう。政治家も官僚も、報道界さえも、問題の真髄を見据えていない。真髄は組織文化。すなわち、組織を成す人々の仕事意識と態度の問題なのに、組織の形ばかりに気をとられている。

組織文化は組織の人間がビジョンと価値観を共有すれば変わるというのが、経営学の常識らしい。が、ただそれだけでは、組織文化などびくともしない。人間、頭でわかっていてもハートにつながらなければ動かないからだ。

世界銀行の官僚的な組織文化を変えようと暗中模索の頃、多くの経営学者に意識改革の手法を聞いて回った。皆、口をそろえて「インセンティブ（誘因）を変えろ」と言う。が、一歩立ち入って具体的な話になると、世銀の人事規則にすでにあるインセンティブばかりが列《なら》ぶ。仕事への目線や、姿勢、態度を変える動機づけはと尋ねると、「リーダーが与えるインスピレーションに尽きる」と言う。しかし、リーダーのＤＮＡに染まりすぎたら、持続的な意識改革にはならない。「私が去ったらどうなる」と反論した。

結局、役立つことは何も学べなかった。学窓の人々は、自ら組織や改革のリーダーシップをとった経験がないのだから無理もない。

人の心の深いところでビジョンと価値観を共有する情熱をどう刺激し、職場での自然体に引き出していったらいいのか……。そのヒントを与えてくれたのは、ひとりの小学生だった。

優秀な部下の成績が下がり、目に見えて元気がなくなっていくのに気付いた。理由を聞くと、小学生の息子。「成績が下がり、海外出張で留守するたびに寝小便。心配で仕事が手につかない」と嘆く。仕事と家庭が両立せず、いっそ世銀を辞めようかと迷っていた。母性本能か勘か、何がそう言わせたのかは知らないが、ふと思いついて「出張に連れていってみたら」と勧めた。やる気があるなら旅費も出すと約束した。

忘れかけた頃、その小学生から出張報告書が届いた。「お母さんが飛行機で飛び立った後のことがわかってうれしい。お母さんはインドの貧しい人たちを助けている。僕みたいな子が学校へ行けるように立派な仕事をしている。お母さんを誇りに思う。僕もお母さんのようになりたいから、一生懸命勉強します」

幼い文字をたどりながら、あふれる涙が止まらなかった。もちろん、おねしょはぴたりと止まり、成績は親子そろってうなぎ上り。部下に明るい笑顔が戻った。

部下全員と意識改革を話し合っていたとき、彼女が息子の話を披露して、こう括《くく》った。「私たちは、ミエコが求める世銀のビジョンとそれを可能にする価値観を頭で共有しているはず。でも自分が本当にほしいものにつながっていない。私がほしいのは、毎朝出勤が待ちきれないほどいきいきと楽しく働ける職場と、帰宅や週末が待ちきれないほど幸せな家庭。皆もそうでしょう。この改革は、私たち一人ひとりが力を出し合って、皆でその夢を追うことだと思う」

人間は幸せを追求する。この共有感が頭とハートをつなげた。仕事への態度を変えるにはどうすればいいのか、約千人の部下たちが熱くなって話し合い、大小さまざまな行動に移し始めた。幸せの追求を妨げる組織の形や、規則、慣習を発掘しては躊躇せず変え続けた。改革は、楽しい学習の日々だった。

以来、人事のすべてについて、職員のみを対象とする思考を捨てた。家庭を対象に入れ、人間としての幸せを考えるようになった。職場でも家庭でも同じ人間。どちらかが不幸せならもう一方に響く。働きがいと生きがいがつながって初めて、人間の「生産性」が大きく変わる。


（二〇〇八年十二月）

## 信頼という名の大黒柱

昨年十一月一日、国王戴冠の仏儀が「雷龍の国」ブータンの古都プナカで厳かに行われた。数日後、峠をひとつ超えた首都ティンプーで開かれた祝典の模様を、ニュースで垣間見た読者も多かろう。

「戴冠式は国民のために」との御意を受け、他国の皇族の姿はなく、国賓は隣国インドの大統領のみ。私的に招かれた数少ない外国人の中、国連政府代表部（在ニューヨーク）でブータンを見知らぬまま四半世紀務めたという運転手二人の笑顔に、心が温まった。

十万人を超える国民が参賀に駆けつけた。予想以上の人出に戸惑う付き人を指揮しつつ参賀に臨む雷龍王五世の姿に、なぜかふと大黒柱を連想した。

早朝から夕暮れまで、敬愛と忠誠の印に白絹のスカーフを捧げ、深々と頭を下げる民の目線まで、一人ひとり丁寧に腰を屈め続ける王。少数民族とお年寄りを励まし、子供には頬にキスをと誘い、幼児を抱き上げ、美女に赤面する青年王。どこからともなく民謡が湧き上がり、快い節回しが朗々と響きだすと、盆踊りのような輪に飛び入って、民と笑い、楽しむ王。

二年前、父君雷龍王四世から事実上の譲位を受けて間もなく、自然にPeople's King（人民の王）という呼び名が定着した王らしい姿だった。そこには一片の見せかけもなく、祝典で「王としてあなたを支配するつもりは決してない。あなたを親として守り、兄として慈しみ、そしてあなたに息子として仕える」と言い切ったリーダーの、謙遜のみがあった。

多民族国家ブータンの民は、一貫して礼儀を重んじる。が、相手がたとえ王であれ、異議あれば恐れず真正面から意見するのが国民性。「就任からわずか七〇〇日。国民の信頼をつかんだ王だからこそ、人口の六分の一が参賀」とある全国紙の祝辞も、おせじ抜き。

しかし、諸々の式典を滞りなく終えて一息ついた四世が「権力は腐敗する傾向を持ち、絶対権力は絶対に腐敗する」と、英国のアクトン卿が一九世紀後半に残した言葉を引用して、私を驚かせた。「五世はこの史実を忘れるなと言い聞かせられて育った」と笑い、「いかに優れたリーダーでも、独裁的な要素がある政治体制は過ちを犯す。形だけの民主主義も同様。国民が信頼する民主主義が要だ」

十二年前初めて賜った謁見で、「この世に唯一の安定は、無常なり」と、政治改革の話題を選んだ四世。「あのときも同じことを」と回想すると、昨年春の総選挙で民主制が成立し、長く難しい学習の道を控える民が、若くして信頼できる国家元首を得た今日、「とても幸せだ」

と微笑んだ。

思い出話に花が咲き、長年のご苦労をねぎらいながら、我が国の政治や世界各国金融市場の迷走を想った。国も企業も同じこと。どちらの不安定も信頼を失った結果。その根源は、権力の錯覚を肥にはびこる傲慢。政治家も金融家も信用が命なのに、愚かなことだ。「この世に唯一の安定は無常」ならこそ、信頼が国民や顧客の安心を支える大黒柱なのだと、気付いた。

ブータンは国民総幸福量と呼ばれる公共哲学を国づくりに実践して長い。人間が何よりも望む幸せの追求には、衣食住の安定とともに、人の心の和、家族との和、地域社会との和、自然との和、そして母国の歴史と文化に帰属する自己認識の和が欠かせないと考える。幸せは物のみでは得られないから、高度成長を国政の目的とはせず、国づくりの一手段として、「和」を壊さない経済成長を追求する。ブータンの指導者層は常識だと笑うが、湾曲迂回は多いにしろ、三十年以上にも渡ってその常識を本気で貫いてきた。

物の尺度ではまだまだ貧しい国だが、最近の国勢調査では国民の九七パーセントが幸せだと答え、世の専門家を驚かせた。常識を本気でやる政治姿勢。これが信頼という名の大黒柱を建てた。政策効果を待たずしても、その大黒柱が民を幸せにするのだろう。

（二〇〇九年一月）

戴冠式を終えた雷龍王５世と、夫のピーター・ウイッカム氏と共にくつろぐひと時

## 信念という名の無限の泉

オバマ米大統領の就任演説を聞いていて、あふれる涙が止まなかった。ハートがハートに語りかけるパワー・スピーチ（迫力のある演説）を、久しぶりに聞いた。

新任副総裁としての抱負を世銀職員に語ったときのことを、思い出した。スピーチを終えた後、世銀の意識改革の茨の道を共にしていたマネジメント・コンサルタントに「どうだった？」と感想を聞いたら、叱られた。「頭が勝っている。ハートで話さないと駄目だ。首から上だけでリードしても、人はついてこない」

頭ではわかっても、腑に落ちない顔をしていたのだろう。彼の仲間の一人、マサチューセッツ工科大学で経営学を教えるピーター・センゲ教授に会えと勧める。「ちょうど、組織改革の講演をしに、世銀に来るから」。半信半疑で聞きに行って、泣いた。

大講堂は立ち見席まで満員だった。その顔の海の中にある会ったこともない一人なのに、自分を信じて話してくれていると思った。一人の人間として、胸をはだけて話してくれる。謙虚で飾らず、己惚《うぬぼ》れなどない。淡々と語る言葉ひとつひとつに、魂がこもっていた。ハートで語りかけるということはこういうことなのかと、初めて知った。

講演の後、センゲ教授をお茶に招いて、ゆっくり語るひと時を得た。夢見る世銀意識改革のビジョンを話していたら、ソファーに座っていた教授がうなだれて目をつぶってしまった。つまらない話で居眠りをさせてしまったかと、赤面しながら話し続けた。ふと教授の頬がぬれているのに気づいた。途端にとてつもなく大きな勇気が湧いたのを、覚えている。

同席したマネジメント・コンサルタントが「ハートで話していたね」と珍しく褒めてくれた。が、彼は厳しかった。恥ずかしがりやのせいか、大勢の人の前で話すのが苦手な私のこと。「副総裁の任務どころか、改革のリーダーシップにも支障をきたす。パワー・スピーチの訓練を受けろ。これは助言ではない。命令だぞ!」

パワー・スピーチの技法は、思いのほか簡単だった。

◈始めは単刀直入に力強く。冒頭の一分はプライム・タイムで視聴率最高。挨拶などの無駄使いで落とすと、絶対元に戻らない。
◈声量を下げる。耳はうるさい声を避け、静かな声に聞き入る。
◈専門用語は絶対禁止。わかる人も、わからない人も、感心などしてくれない。伝えたいのは内容だから、使う言葉は簡素に限る。
◆沈黙も語彙の内。スピーチの段落や、強調したい言葉、訴えたい主旨は、聴衆に見えにくい。前後に沈黙を入れると、見える。
◆言葉で絵を描く。人間の脳は物語や、実例、色などに正反応して、覚えがよくなる。
◆無テーマの演説は、退屈な演説。テーマは簡単明瞭に、ひとつに限る。複雑なテーマや複数のものは、テーマなしと同じこと。
◆終わりは感情を込めて。感情なしに感動はない。

上達は望めなかったが、貴重なことを教わった。いくらテクニックを駆使しても、人に信じてもらえなければパワー・スピーチにはならない。その信頼の有無は、自分自身の姿勢で決まる。自分に正直で、なおかつ絶対無条件に人を信じることから始まるのだと。

「言うは易く行なうは難し」と肩を落とす私を、スピーチの先生が笑って諭した。

「人に伝えたいと心底願う固い信念さえあれば、簡単さ。信念は情熱を呼ぶ。情熱は無条件の信頼を怖れない。パワー・スピーチの技法など自然に使うようになる。人の心に感動を与え行動へと誘うインスピレーションの源は、信念という名の無限の泉だ……」

我が国の政治家には、演説下手な人が多い。その理由が、ここにある。


（二〇〇九年二月）

## リスク管理は自己管理

アメリカ発金融危機の原因がいろいろ取りざたされている。州の権限が強い合衆国の金融部門監督制度は複雑で、昔から監督漏れがいろいろあった。危機はその隙間から始まったが、火の元は人間。監督制度ではない。

金融部門で働く人の価値観が信頼を欠くものなら、間違いは必ず起こる。金融業は、製品の良し悪しが信用を左右する他の産業と違って、いったい何を作り、何を売っているのか、見えない。会計はいくら正確でも、一般人には不透明そのもの。株主や顧客を長い間だまし続けることなど難しくはない。とにかくおそろしい商売だ。

世界銀行の本体であるＩＢＲＤ（国際復興開発銀行）が、その「おそろしい商売」だと知る人は意外に少ない。種々国連機関やＮＧＯなど、寄付金に依存する援助機関とはまったく違う。ひとさまの大切なお金を預かり、運営し、種々リスクを管理し、返済の約束を厳守して、自らの運営費用も捻出する正真正銘の銀行。株主もちゃんといる。加盟国の国民を株主とする共済信用組合だから、読者の皆様も私も世銀の株主である。

五年ほどそのIBRDのリスク管理責任者だったことがある。金融政策・リスク管理局の局長で、あだ名は、Chief Constable（警察部長）。

IBRDの融資財源は長期債券だから、市場に先駆けて問題の指摘をせねば、世銀債引受人や格付け会社ににらまれる。市場信用格付けは世界最高のAAAで、債券市場の反応が至極敏感になる。小さな間違いでも融資金利に影響する。

そのうえ世銀のリスク管理は自己管理しかない。普通の銀行と違って国際社会に属するので、監督の目を光らせる中央銀行や金融庁などの公的機関がないからだ。

真剣勝負の毎日で、嫌われやすい任務だった。が、敬遠されると仕事にならない。「警察部長ではありません。リスク管理は自己管理。精神病院の院長です！」と始終人を笑わせていた。世銀を動かす人間の価値観を管理せずにはリスク管理などできないのだから、当たり前のことを言ったまで。

人間の脳と本能は痛いものを避けるようにできているのか、リスクの話になると、途端に楽天主義者になってしまう。リスクとは知っても、まさか現実にはなるまいと望むのが心理なのだろう。

だから「リスクを確認したら、最悪状態が起こる確率を一〇〇パーセントと覚悟して、対応体勢を整えよう。当たったら図星正解祝賀会。外れて残念安堵会。どちらにしても大いに祝おう」が口癖になった。口先だけでは信じてもらえないから「警察部長」の懐は痛い。頻繁にシャンペンを抜いて部下や同僚たちにふるまった。

おもしろいもので「悪質なリスクを指摘しても、叱られないどころか褒められる。悪い知らせを喜んでくれる」とうれしがられ、正直を商売に貫く価値観が定着した。癖になると見えないものも見えてくるらしく、優秀な部下たちは次々と素晴らしい仕事をしてくれた。

彼ら一番のお手柄は、メキシコ通貨危機（一九九四年、メキシコの財政・貿易赤字や社会・政治の不安定で大量資本の海外逃避が起こり、世界各国に飛び火した通貨危機）と、アジア通貨危機の引き金になったタイ通貨危機（九七年）を、一～二年前に警告したこと。取締役会議に報告し、もしもの時に備えた。まさかメキシコがと笑った最高幹部らも、タイのときには笑わなかった。

昨年、某欧州外資系銀行に就職した姪《めい》に、祝いの言葉を贈った。「信用は銀行家の命。お金に目が眩《くら》むと、その命を失う。失ったら最後、取り戻すのは、不可能に近い。お金の向こうを見るように。お金が助ける物づくりや人づくりを、いつも頭に置くように」

財界はもちろん、実業界の指導者層にも、今、同じ言葉を伝えたい。

（二〇〇九年三月）

# マクベス卿夫人

雇用激震が日本列島を襲って以来、頻繁にマクベス卿夫人のことを想う。

シェイクスピアが好きで機会があるたびに観劇するけれど、悲劇『マクベス』だけは残酷すぎて好きになれない。が、血に染まった手の幻影に取り憑かれたマクベス卿夫人が両手を擦り続ける狂気の場面になると、固唾を呑んで舞台を見つめる。「ここに血の臭いがまだ……。すべてのアラビアの香水さえこの小さな手を甘く香らせぬ。ああ、ああ、ああ……」

心理学者の友人が「作り話ではない。衝動強迫観念という症状だよ」と教えてくれたが、信じられなかった。自分がマクベス卿夫人と似通う目に遭うまでは……。

十年前、世界銀行が新しい内部統制システムを導入したときのことだ。準備期間が短すぎて誤作動のリスクが高いと指摘した。システムを提供した会社も同意見だったが、Y2K問題(二〇〇〇年になるときコンピューターが「〇〇年」を一九〇〇年と間違う問題)に対処する必要上、急ぐべきという意見が多く、慎重論は拒否された。

女優ジュリア・マーロウ（Julia Marlowe, 1865～1950 ）が演じたマクベス卿夫人狂気の場面（写真提供：www.josephhaworth.com）

案の定、施行一年目の決算で、知らぬ間に世銀全体が予算を大幅に超過していたと判明した。新システム使用法の訓練不足で、データ入力に大きなミスが多かったのが、その理由。目隠しをして操縦桿《かん》を握っていたのと同じだった。経費をどう切り詰めても人員整理を避けられないほど、悪い状態になっていた。

総裁に辞表を提出したら君に責任はないと却下された。思い直して管理職全員の大幅減給を勧め、まず私の年俸を半額にしてくれと頼んだら「考慮する」のみ。「意気地なし！」とかんかんに怒って我が経営チームに叱られた。「自分の口癖を忘れたのか。『何事にも銀の裏地がある』だろう」。逆境にも探せばメリットはあるはずと、逆に慰められる始末だった。

そのメリットを求めて、チームと共に一週間カン詰め。新しいビジネス戦略を編み出し、人員整理の時が来た。

「これから人の一生を変える決断に入る。その前に、案じることを率直に話し合おう」と誘った。辛い思いを共有し、乾いた目など見あたらない、真っ直ぐな会話の時間だった。誰からともなく「私たちと同様に、解雇の心痛は全職員が感じるはず」と、話しだした。

「人員整理の後、残る者に罪悪感や不安のないよう心がけないと我らチームが信用を失う。部下の信頼は、失ったら最後取り戻せない。リーダー失格だ」。その熱い想いが、解雇三原則を生んだ。

◆新ビジネス戦略すなわち人員整理の唯一の尺度を、職員が納得するまで説明する。彼らの納得なしに道義はない。道義なしの解雇は組織を駄目にする。
◆尺度の公平な応用を、チームが力合わせて監視する。特に、解雇しやすいコンサルタント（非正規職員）の差別扱いを禁止する。
◆転職や早期引退などのケアを充分にして、辞めてよかったと思ってくれることを目標とする。

経営チームの約束は「破ったら副総裁でさえ首」。三原則は絶対厳守の鉄則だった。チームは、まず、自分たち各々の幹部職が新戦略のもとで余剰になるか否かを、本気で議論した。その結果、一人が自主的に退職した。

「元気に痩せよう」をモットーに、人員整理が始まった。全職員の二割の解雇を三カ月で終えた。皆そろって気持ち良く去ってくれたのが、不幸中の幸いだった。

問題ある部下を解雇することに抵抗を感じたことなどない。が、あのときは違った。辛かった。いまだに、血に染まった我が手の悪夢にうなされる夜がある。

非正規社員を差別的に解雇する企業が多い。空前の不況だからこそ、嵐の後に生かす「銀の裏地」を探すべき。その場しのぎの決断を下す経営陣の心境が、解せない。

（二〇〇九年七月）

## 政治介入の愉快な思い出

この春、世界銀行の現場での思い出を本にして、読者から感想が届くようになった（『国をつくるという仕事』英治出版、二〇〇九年四月刊）。特に世銀は米国の指示で動くと信じる読者が多いらしく、「アメリカの悪質な政治介入はなかったのか」とよく問われる。

世銀は、ひとさまの大切なお金を預かり、運営し、種々リスクを管理して、自らの運営費用も捻出する正真正銘の金融業。銀行という名はつくが、加盟国の国民が株主の共済信用組合。だから、一部の株主への融資という、銀行には許されない業務ができる。しかし株主を代表する加盟国政府の政治介入が、大きなリスクになる。

世銀に限らず企業の命取りになりうることだから、重い質問だ。いつも正直に答える。「アメリカどころか世界各国からの政治介入があるけれど、妨げる術もある」

一九九八年五月、インドが二十四年ぶりに核実験を再開し、数日後パキスタンが史上初の核実験で返答するという事態が生じた。日欧米数カ国が印パ両国に経済制裁を課し、世銀を制裁

世界銀行ワシントンD.C.本部の理事会室で、米国と欧州数カ国を代表する世界銀行理事たちと

に抱き込もうという動きが起こった。アジアから中東・アフリカへのゲートウェイとなる印パの地政学的重要性を語るたびにそっぽを向かれ、両国の市場経済が秘める底力を話しては笑われていた時代のこと。制裁に参加しない世界各国の目も冷たかった。

腹を割って話し合おうと全加盟国の理事を昼食会に招いた。そのときの覚え書きを繰ってみると「人道的援助以外は融資をしないように」と口をそろえる理事らにこう説明している。「世銀の憲法は、融資は『加盟国の開発ないしは復興目的にのみ使うべし』と定める。狭義の人道的援助は、世銀の使命外。広義に解釈すれば、世銀のなすことすべてが人道的援助だ」

「日本は唯一の被爆国。その日本人の副総裁が言うことか」と米国理事が批判。怒りを理性に飲み込ませたのだろう、覚え書きに残る返答が冷たい。「日本国籍と米国永住権を併せ持つ市民として言おう。全世界の軍備費用は人類の無駄使いだ。経済学者としても言おう。経済制裁という国際政治の術も無駄に尽きる。不参加国の交易は自由で、全世界が参加しても密輸がある。ふるいに水を貯める行為と違わない」。喧々囂々《けんけんごうごう》の議論になった。

意見が出きった頃を見計らって切り札を出した。「この政治介入を受けて印パ融資を拒否すれば、世銀の市場信用格付けに大きな傷がつく。AAAの格付けだからこそ市場から安く借り、途上国に安く貸すことができる。それが難しくなり、利子がたとえ〇・〇一パーセント上昇しても、途上国の財政に大きな悪影響を与える」

「が、市場は、格付けが落ちる前に動きを始めるだろう。『世銀、印パ制裁へ参加』のニュースが流れた直後、発行済みの世銀債流通市場で価格の暴落が起こると予想する。AAAを誇るということは、敏感な既発債券流通市場の厳しい抑制を受ける。この現実を決して忘れてはならない」

「発足当時の世銀債格付けがたったBレベルだった史実も、お忘れなく。AAAに昇りつめるまで四半世紀かかった。今日の世銀があるのは、加盟国の資本金がもたらす信用、そして健全な金融運営を持続した年月の賜物という事実も。最後に、株主の政治介入は銀行を潰すと教える各理事のお国の金融史も、お忘れなく！」

経済制裁参加への圧力は、その後少々くすぶった後、挫折した。

生意気だが、信念さえあれば、悪質な政治介入から組織を守る術は見つかる。とは言え、そのよい知らせを聞いてほっとした途端に震えがきて、しばらく止まらなかった。今となっては、それもまた愉快な思い出のひとこまだ。

企業組織を成すのが人間なら、その独立性を守るのも同じ人間。法律やガバナンス体系ではない。

(二〇〇九年八月)

## 雷龍王の教え　危機感の力

世界銀行は被融資国の国家リスクを扱う。だから、国の返済能力を左右する政策と政治が絡み合う改革の泥沼が、仕事場だった。

改革が進む国には、必ず、民の多くが自分の問題として共有する危機感があった。が、災害や戦争でもない限り、自然発生する性格のものではなかった。自分が抱く危機感を国民と共有しようと、大変な努力を重ねる人々がいたからだ。そういうリーダーたちから世銀の改革に役立つことを学ばせてもらった。皆、私の恩師である。

恩師数人の筆頭は「雷龍の国」ブータンの前国王、ジグミ・シンゲ・ワンチュク雷龍王四世。国民総幸福量という公共政策哲学の発案者としても知られるが、王は、即位後初の外紙インタビューの際ふと思いついて、「国民総生産量より国民総幸福量のほうが大切だ」と語呂合わせをしたら定着しただけだと笑う。いつの世も不幸な民が国家を不安定にするのだから、幸福を中心に国を治めるのは常識だとも笑う。湾曲迂回を改革の学習として、その常識を在位三十四年間貫いた信念が、王の笑いに響く。

王の動機も危機感。国家持続への危機感だった。ブータンの人口は六十七万人。平面地図での面積は三万八〇〇〇平方キロ。熊本市民が九州全土に住むと思えばいい。その小さな国が、北に中国、東西と南にインド国境をにらむ。「人の世に不変なものは変化のみ」と言い切る王にとって、世界一、二の人口を誇る大国に挟まれる危機感は、国交の良し悪しや今現在の世界平和などに左右されない。四方を大洋に囲まれ、一億三〇〇〇万人の同胞に恵まれる日本人には想像もつかない切迫感がある。王の尽力のおかげで今ではブータン人の口癖になった言葉を借りれば、「虎と象に挟まれた蚊」の危機感だ。

小さな国が生き延びるための戦略は「雷龍王の足跡がない村はない」と言い伝えられる即位直後の行幸の結果だった。海抜二〇〇メートル前後のインド国境を覆う熱帯ジャングルから、七〇〇〇メートル級のヒマラヤ巨峰が連なる中国国境まで、直線距離ではわずか二〇〇キロを無数の激流が貫き、国土は波打つ急階段の連続。車道に頼れる安易な旅ではない。酸素の薄い大気にあえぎ、雨期には蛭《ひる》に血を吸われ、蚊や蚤虱《のみしらみ》に悩みながら、野宿を強いて歩き続けた。

一人でも多く民の心を聴こうと訪れる王の謙虚な姿に打たれ、民は胸を開いて語った。そうして国家安泰の根源を見つめるとき、王が行き着くところはいつも同じ、国民一人ひとりの幸せだった。国民総幸福量は国家安全保障戦略。武力抜きの真剣勝負だと決心した。

幸せは物のみでは得られないから「経済成長は目的にあらず、幸福追求への重要な手段」と位置づける。本気だから政策と行政組織自体の改革が密着し、形より組織文化を重んじ、組織を成す人の意識改革が焦点になる。幸せは全体論で、その要因は各省庁の都合や縄張りなどに従わないからと、国民の視点に沿う横割り行政を重視し、チーム精神に本腰を入れる。

王の危機感に自分の傲慢を知った。貧困解消の使命感に欠く世銀の危機を頭だけで知ったつもりだったと。危機をハートでつかむには王の行幸を手本にする以外、術がない。だから、家族扱いの貧村ホームステイ体験を部下と共有し、改革の原点にしようと決めた。

世界各国の憲法は、ブータン同様、国民の幸福を高々と謳《うた》う。日本の憲法も「生命、自由及び幸福追求に対する国民の権利については、公共の福祉に反しない限り、立法その他の国政の上で、最大の尊重を必要とする」と謳う。が、それを国政の軸とする国は、今も昔も他にない。そのブータンの経済成長率は持続して高い。国王主導の政治改革で民主制を迎えた今日も、幸せへの改革が続く。

雷龍王の危機感を母国日本の新政府にもと、祈る。

（二〇〇九年九月）

雷龍王４世から初の謁見を賜わった時の記念写真。この謁見で初めて国王が抱く強い危機感を知る

## 雷龍王の教え　チームの力

世界銀行の官僚的な組織文化を貧民に仕える文化に変えるための原点に、家族扱いの貧村住み込み体験を選んだ。気でも狂ったかと笑われるたび、雷龍王四世（ブータン前国王）の模範に勇気づけられた。

ＶＩＰをもじってVillage Immersion Program（貧村没入計画）と部下に名付けられたその研修第一号は、パキスタンの草の根で活躍する優秀なＮＧＯの支援を受けて実現した。寒村の協力社会を壊さないようにと、村全体の理解賛同を前提とし、職員の受け入れを申し出る家庭には、詳細の説明とお願いに出向いた。医者の配置から通訳まで整った立派な計画ができあがった。

村長から都合の良い日程と受け入れ可能な人数の指示を受けて、さて人選となった。上司が実行しなければ組織は変わらないから、南アジア局の管理職全員には副総裁命令。一般職員からも有望な人材を名指しで選んだ。が、二の足を踏む者はまだいいほうで、「貧村や貧民街の視察を頻繁にしているから必要ない」と辞退する者や「貧しい国で育ったから時間の無駄」と意見する者などが、続出した。皆の不安は、自分の体験で知っていた。が、心を鬼にして「嫌なら部下とは思わない！」嫌々ながらも、重い腰が動き始めた。

ＶＩＰ開始一週間後、様子見がてらに合流するまでは、気が気でなく、仕事が手につかなかった。

ＶＩＰの目的は、世銀の顧客であり株主でもある貧民の目線に密着する仕事意識だった。が、予想外のことが起こっていた。迎えてくれたＮＧＯ会長が「あの人たちは、本当に世銀職員なのかな」といたずらっぽく微笑む。毎日、日没前のひと時、集合所にしているという小屋に近づくと、魂の底から湧き出るような笑い声が聞こえた。「毎日ああして集まっては、村人が抱える問題の解決策を話し合っている」と、会長がささやいた。小屋に入った途端「あ、ボスが来た！　エコノミストの課題はミエコにやってもらおうよ」と、挨拶そっちのけで皆笑いこけた。

一日二十四時間、働かなければ死神が勝つ極貧の毎日。精神的な安定や、夢、希望どころか、自分のための時間さえぜいたくな中、貧困解消を使命とする世銀職員は、罪悪感に打ちのめされた。村と家族が抱える問題を自分たちで解決しようと自主的に動く情熱が芽生えた。専門分野の違う男女がお互いを思いやり、異質の観点を尊重し、正直で率直な会話を好み、本気で力を合わせ、一足す一が十になる喜びを知った。働きがいと生きがいが一致し、笑いが途絶えず、仲間との時間が待ち遠しい、本物のチーム精神があった。涙が出た。

職場に戻ったチーム精神は、同僚に飛び火した。類は友を呼び、伝染病のように広がっていった。

しばらくして次年度予算会議の時が来た。毎年醜い予算奪い合いに徹底する部長らが「まず貧民の視点から援助戦略の大局を見直そう」と提言し、部門を越えた会話が始まった。新しい戦略をもとに予算をゼロから組み直す議論にも、境界線が消えていた。教育厚生部長が「南アジアの貧しい女性は、水汲みに一日平均六時間を費やす。自分の時間がない。妊婦の健康管理を説く厚生省や、女性に読み書きをと動く文部省に、まず水道からと言っても知らぬふり」と嘆いてインフラ部門に予算をと提言。そのインフラ部長は「水道は読み書きを教えない」と譲る。部あって局なし、局あって世銀なし、世銀あって貧民なしと予算を奪い、顧客の民に押しつける意識態度が消え失せていた。これこそ本物の経営チームと、また泣いた。

雷龍王五世は、昨年の戴冠式以来、選りすぐった官僚を連れて僻地《へきち》の行幸を重ねている。「ミエコのＶＩＰから教わったチーム訓練だ」と微笑む国王。「いいえ、父君のお教えですよ」と笑った。

（二〇〇九年十月）

モンスーン雨期にブータン南部の僻地を行幸し、出迎えた村人に挨拶を返すずぶぬれの雷龍王5世（写真提供：ブータン王室）

## 雷龍王の教え　さかさまの力

本物のリーダーには揺るがぬ信念がある。恩師と仰ぐ雷龍王四世（ブータン前国王）も例外ではないが、王の学友だった某大臣は「陛下の信念は昔からさかさま」と笑う。

貧しい民を想い、丸太小屋に住む。暖をとれない民を案じ、真冬も火の気なしの生活。国民の幸せは役所別になど区切られていないと、横割り行政を重視。草の根から遠い政治はすなわち悪政と、地方分権制度を確立。「指導者を資格ではなく生まれで選ぶ王制は危ない」と政治改革を先導し、昨年の総選挙で民主政権が成立した。王の「さかさま」信念に触れたからこそ、中央集権型の世銀営業組織をひっくり返す決心がついた。

ブータンの王制は一昨年一〇〇周年を迎えたが、その半分以上は民主化改革の歴史だった。始まりは、先々代雷龍王三世が一九五三年に設立した国会（無政党）だった。四世は、その経験をもとに県と市町村に地方自治体を置き、エリート中のエリート国家公務員を選りすぐって全国二十県に配置した。国民の根本的な意識改革だからと、数十年を自治体育成に費やした。

ブータン計画省が一九九九年に発表した「ブータン・二〇二〇」は、王の努力の賜物だった。全国草の根の自治体が議論を重ね、国家ビジョンとして編み上げられた声明だ。この声明ほど国民総幸福量という公共政策哲学を明確にした書面は、他にない。

声明は、目的と手段を混同してはいけないと説く。経済成長自体が国家目標であってはならない。目標はただひとつ、国民の幸せに尽きる。成長は幸せを求めるためにあるひとつの重要手段なのだと。

故に政治と行政は「社会経済発展に関するすべての努力の中心に人間を置くべき」と位置づけ、富の増加は幸福に直結しないと諭す。「幸せへの鍵は、人間が必要とするある程度の消費満足と、非物的満足感、特に情緒や、感情、精神的な満足にある」から、経済開発戦略は、物的な次元と非物的な次元のバランスを保つ中道にあるべきだと主張する。幸福を可能にする自然環境、精神的な文明、文化伝統、歴史遺産等を破壊し、そのうえ家族や友人、地域社会の絆までをも犠牲にするような経済成長は「人間の住む国の成長ではない」と断言する。

この声明を読んだとき、泣いた。その一行一行に、離村ホームステイで世話になったアパ（父）とアマ（母）の声を聞いた。あの村の人々の強い自助自立精神が、確かに脈打っているのを感じた。

部下全員が嬉々《きき》として描いてくれた「夢見る世銀」ビジョンを見たときにも、同じ感動があった。一枚の絵が、ビジョンに沿う組織の形を表していた。点線の円になった部局が重なり合う透過性の高い組織は、透明なブドウの房のようだった。底辺に、ブドウを支え上げる「ミエコ」がいた。そのさかさまが無上にうれしく、また泣いた。

世界銀行を草の根に近づける組織改革が始まった。南アジア各国担当局長を現地在留とし、業務全権を譲った。さかさまのビジョンは、改革を楽しい学習の道に変えた。間違いは学習の糧となり、痛みも皆で共有する日々だった。

雷龍王五世に受け継がれたさかさまの信念は、夏の国会閉会の辞で、政治よ奢《おご》るなかれと轟《とどろ》いた。「民家に座り、食事を共にし、民の抱負を語り合うときが、私の最も満たされる時間だ。国民が抱える問題を自分で見て知ることに優る術はない。国務に勤しむとき、尽くすべき民の顔を思い出し、どうすれば彼らに最も良く仕えることができるのかを知るからだ……」

四世が、民主制に不安を隠さぬ国民を諭した言葉が残る。「国を想い民に尽くす指導者を選ぶことを考えよう。その義務を果たす学習の道が、もうすぐ始まるのだ」

我が国にも、やっとその学習の道が始まった。

（二〇〇九年十一月）

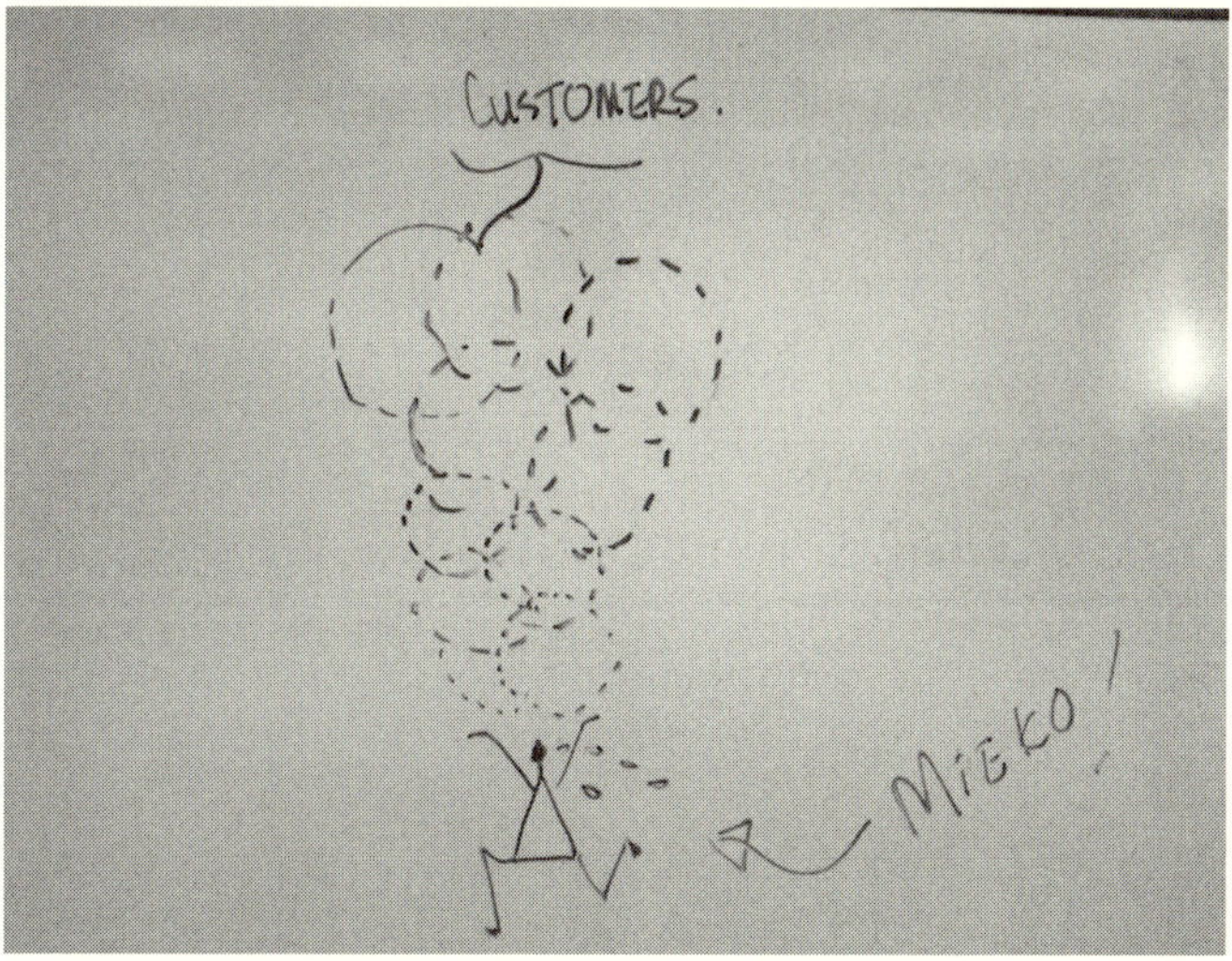


ビジョンに沿う組織図は透明なブドウの房（写真提供：鬼澤慎人氏）

## 雷龍王の教え　幸せの力

「国民総幸福量」を国づくりの公共政策哲学とするブータンに、英国や欧州諸国を筆頭に世界の関心が高まっている。政権交代のせいか、日本からもいろいろな質問が舞い込む昨今だが、国民の幸せを口先だけの意とする国政と、すべての焦点として本腰を入れる国政はどう違うのかとよく聞かれる。

国民総幸福量は、持続的成長の先駆け思考と考えていい。故に何を優先するかの基準と政策の選択が異なる。しかし、それは表面的なこと。ブータンは、その違いの真髄が「口先」と「本腰」すなわち、為政者が信念を貫く情熱にあるのだと教えてくれた。

雷龍王四世（ブータン前国王）が重んじたのは、民が肌で感じ得る、思いやりの深い行政だった。だからこそ二〇〇六年の退位まで三十四年間、公務員のマインドセット（心的態度）を変える努力を惜しまなかった。

四世の哲学は、ビジネスの世界にもそのまま通用する。王を師として進めた世銀の意識改革

師と仰ぐ雷龍王４世の召呼を受けた著者を、城門で出迎える国王補佐官たち

も、部下の幸せを第一に追求した。幸福追求の共有感が職員の頭とハートをつなげ、彼らが率先してリーダーシップを発揮する改革だった。

　その改革を世銀全体の観点から組織的に、戦略的に、時には政治的に支えながら、私は、職員のみを対象とする人事思考を捨てた。家庭を対象に入れ、人間としての幸せを考えた。職場でも家庭でも同じ人間。どちらかが不幸せならもう一方に響く。当たり前のことだが、働きがいと生きがいの幸せがつながってこそ、生産性の地殻変動が起きると知ったからだ。

　具体的な手始めは過剰労働対策で、きっかけは、自分の病気だった。ハードな海外出張を終えた途端、原因不明の高熱で倒れた。高名な医者が次々と首をかしげる中、似通った体験をした総裁が、東洋医学に精通する女医を薦めてくれた。脈診でストレス性免疫系崩壊と診断し、鍼治療《はり》の準備をしながら、彼女がつぶやいた。

「世銀職員に異常に多い病気なのよ……」

心臓がコトッと鳴った。

その足で世銀職員診療所に駆け込み、所長に相談した。彼もストレス病の発生率を案じていたらしく、診療所を訪れる職員のデータ分析結果を説明してくれた。過剰労働が原因と思われるストレス病は、明らかに大問題だった。そのうえ、離婚や、麻薬中毒の子弟に悩む職員も多いと知った。ストレス系の病気や家庭不和に関連する指標は、世銀本部がある米国ワシントン首都圏の統計を大きく上回っていた。背筋が寒くなった。

人事専門家に助言を求めたら、「過剰労働は精神文化の問題だから諦めろ」と笑われた。それなら自分が裸になるしかないと決心、部下全員に「私は仕事中毒」と題したメールを送った。医学情報や世銀のデータを説明して、こう括った。「私は仕事中毒。幸い、心配してくれる夫との『退社六時』という結婚の条件があるから、今まで救われてきた。が、夫の目が光らない出張では中毒のままだったから、倒れてしまった。治さないと死ぬと医者が言った。君たちにあのような思いをさせたくない。出張していてもいなくても、私は夫との約束を守る。命あっての働きがい、家族あっての生きがいなのだ。自分も中毒だと感じたら、いつでも相談にいらっしゃい」

さっさと大自慢で退社し、出張でも夜は遊ぶボス。喜ぶ職員が増えるのに時間はかからなかった。勤務時間が減っても業績は落ちないどころか、仕事の質が目に見えて上がった。家庭と仕事の両立は女性問題ではなく、全職員と家族の切なる望みなのだと知った。

雷龍王四世から教わった。民が肌で感じる思いやりは、行政の質を根本的に変える。為政者と国民の間に信頼の絆《きずな》を作り、安心感を呼び、幸せ度を高め、迅速な政策効果につながると。幸せの力は偉大だとつくづく感じ入った。

（二〇〇九年十二月）

## 忘れもしない雛祭り

「女が大事にされるのは雛祭りくらいなもんやさかい」。いつ誰に言われたのか忘れたが、子供心にドキッとした記憶が残る。それ以来、ぼんぼりの灯りにわくわくしたうれしさは、消え去った。

高校時代に縁あって米国へ。留学というと聞こえがいいが、実は家出同然の親不孝者だ。教育は男女平等なのにその後の差別に納得できなくて、日本脱出の安易な道を選んだ。

学生時代はもちろんのこと、実力主義が徹底していた教職に就いてからも、女だからと差別されることはなかった。米国に人種差別はあっても、女性差別はないと思い込んでいた。さまざまな女性解放運動を先導する人々の動機を疑い、草の根活動を続ける女性たちの苦労を思いやることさえなかった。

罰が当たった。思いもよらぬところで差別の壁に出会った。

世界銀行の誘いを受けて示唆された年俸が、当時経済学部助教授だったプリンストン大学の

世界銀行内の催しで、S氏ご夫妻に挨拶

給料を下回っていた。最低限、実質給与を同額にと交渉したら、人事の担当官が言った。「なぜ給料にこだわるのだ。旦那は働いているのだろう」。頭にきた。「私が男だったらどう言うの」と反問したら仰天したらしく、喧嘩にもならなかった。

日本に比べれば、世銀は天国だった。しかし、当時は他の欧米組織と違わず、俗に言う「ガラスの天井」はもちろんのこと、女性のキャリア発展を妨げる大小さまざまな差別や障害があった。

初めて局長職に就いたとき、職員組合から女性問題委員会の議長になってくれと頼まれ、喜んで受けた。おかげで、それまではほとんど気付かなかった悪質な無意識差別やセクハラ問題が意外に多い現状を知って、驚いた。「現実はひどいのに経営陣は聞く耳さえ持たない」と憤る組合幹部。もっともだが、組合の女性問題に関する活動には、どうしても感情に流されがちなきらいがあった。このままでは少数の聞く耳さえ閉じられてしまうだろうと、危機感を抱いた。

「敵知らずして勝ち戦なし」と委員会を説得し、経営陣の身に我が身を置いて活動を考え直そうと誘った。経営陣は、女性を秘書としてしか知らない世代の男性ばかり。女性職員の悩みに共感など湧かないのが普通だろう。その共感を発生させることから始めなければと、皆で作戦を練った。

まず、世銀COOとCFOの双方を兼ねた取締役に就くS氏に焦点をあてた。総裁をしのぐと言われるほど力を持つ人だったが、筆頭理由は、彼がユダヤ系米国人で、ゆえに人種差別をとことん嫌う人格者だったからだ。人種でも性別でも差別は同じ。彼なら可能性が高いとにらんだ。

当時、世銀の女性管理職員は五人だった。皆と相談して、彼を昼食会に招いた。その日、女勢ぞろいで待ちうける部屋のドアを開け「遅れてすまん！」と笑いながら一歩踏み入ったS氏。あまりにも少ない頭数にギョッとしたのだろう。入り口にくぎづけになり、笑いが顔に凍りついた。同僚の一人がころころ笑って言った。「今こそわかったでしょう！　どこへ行っても紅一点の私たちが、毎日どんな気持ちで仕事しているのか！」

S氏は、私たちが次から次へと語る差別の現状に、心底怒った。なぜ今まで気付かなかったのかと恥じ、涙さえ流した。S氏の頭とハートが、しっかりつながった。昼食を終える頃には「女性問題解消へのチャンピオン（擁護者）になろう」とまで申し出てくれた。

礼を言う私に、S氏が言った。「男が作った組織文化を変える仕事だ。大変だろうが、いつか必ずミエコの国でも起こることだ。予行演習と思って楽しめばいい！」

ぼんぼりの灯りが、まぶたの裏でゆらりと揺れたような気がした。忘れもしない一九九二年三月三日、雛祭りの日のことだった。

（二〇一〇年三月）

## 戦略・幽霊退治

制度化していない限り見えにくいのが差別の常で、それは女性差別も同じこと。まるで霊感のある人だけに姿を現す幽霊のようだと感じることさえある。

職員組合の女性問題委員会議長になって初めて臨んだ世銀取締役会議では、その幽霊の親分に出会ったような気がした。議題は、女性差別の解消を世銀人事の重要目標とすることと、組合と経営陣の共同特別委員会を設けて改革戦略を作ること。反対意見はなかったが、氷のように冷たい無関心があった。その日の覚え書きには「氷室で一時間。妖怪と対話。戦略・幽霊退治。おもしろい！」とある。その通り、幽霊の親分を念頭に置いた仕事は、愉快だった。

悪質な差別を受けたケースがあるのはわかるが、組織的な差別があるとは思えないという意見が、取締役に多かった。戦略を立てる前に、幽霊にご登場を願わねばならない。久しぶりに計量経済学の仕事ができると、うれしくなった。

米労働市場の人種差別実証研究で高名な某経済学者と組み、人事データを分析した。職員約一万人に関する情報が二十五年間の時系列でそろう、膨大なパネルデータだ。性別や、年齢、国籍、学歴、入行前からの経歴、年俸、職種、職務階級などが詳しく記録してある。学者は「素晴らしいデータ」に感激。嬉々《きき》として、給与と昇進に影響を与える要因を推定する計量モデル作成と分析に、参加してくれた。

モデルを駆使したシミュレーションもおもしろかった。性別以外の特徴をすべて同一にした架空「双子」を設定しての模擬実験だ。その結果、男性の年俸が、女性のそれを統計上有意に大きく上回った。筆頭理由は、世銀入行時の職務階級だった。「双子」であるにもかかわらず、男性が女性より一階級上で採用されるからだ。自分自身の体験（前章参照）を振り返り、確《しか》とうなずける結果だった。

世銀の職務階級兼給与体系は、細かすぎるほど厳密に設定されている。それが手伝って、給与上昇と階級昇進率には、統計上有意な男女差はないと推定できた。しかし、入行時に起きた格差は消えない。また、上級職と管理職に就く女性が非常に少ないからこそ、統計的に「ガラスの天井」はないと言いきれなかった。うなずけた。

取締役報告会も楽しかった。学者による分析結果の説明に、自分の体験談をおもしろおかしく絡めた二人三脚プレゼン。その終わりをこう括った。「加盟国に差別があれば、国づくりに毒と諭すのが我らの使命。その使命に忠実な世銀史だったら、世に先駆けて組織内の差別を一掃したはず。女性の雇用可能人口が少ないとよく言われる。が、全世界の労働市場から最高の条件で人材を誘う世銀が言えることではない。女性は人類の過半数だ。この部屋でさえ最低半数が女性で当たり前だろう。紅一点の今が、数学的に何を物語っているのか、おわかりだろう」。数字に強い取締役たちの背筋が伸びた。

報告会以降、幽霊の親分が一人ずつ消えていった。特別委員会の戦略作成の仕事も、彼らが長年培った多くの知恵を授かった。

「戦略・幽霊退治」は、履行を第一にと、きわめて簡単。「差別を消すのは組織文化、規制ではない。文化すなわち多民族人口。全職務階級において女性を増やすのが戦略である。特に上級職や管理職が重要だが、生え抜きの女性職員が昇進するまでは待てない。積極的に外から人材を誘致し、世銀の既存文化に負けないよう組織的に応援をする。なお、女性割り当て枠や、基準条件を満たさない採用などの逆差別行為は、許さない」

女性の管理職が増え始めると、世銀の組織文化が動きだした。当時、アジアなど地域別に途上国との政策対話や融資戦略に最高責任を持つ副総裁職は、男の仕事と言われていた。今日、その地域担当副総裁六人の半数が女性である。

（二〇一〇年四月）

# 点と点がつながって

ワーク・ライフ・バランスと言えばおしゃれに聞こえるが、仕事と家庭の両立のこと。どちらにしても女性が抱える問題だと考える人が多いが、誤解も甚だしい。

世界銀行職員組合の女性問題委員会に参加してまず手がけた仕事が、世銀本部に保育所を設けることだった。「女性職員を増やすのはいいが、経費がかかる」と文句を言う経営陣が多く、そのつど「昔はどうあれ、今は共働きの時代。若い世代が男女共通で抱える世代問題です」と、説明に奔走した。共働きの娘や息子を持つ経営陣が多かったからこそ救われた。

が、疑問がひとつ、頭の片隅に残った。我が子の苦労を知りながら、なぜ今まで若い職員のことを思いやらなかったのだろう……。

幼児教育専門家の職員たちが、「世銀として恥ずかしくない保育所を」と知恵を出し合ってくれたおかげで、完成早々大好評。一年そこそこで施設の拡張が必要になった。男性職員の使用率が予想をはるかに越えたからだった。若手職員の性別人口から見れば数学的に当然だったが、経営陣は驚いた。

またひとつ、疑問が残った。「多数民族」である男性のニーズにさえ気付かなかったのは、なぜだろう……。

その頃、新しい人事担当副総裁が任命され、ワーク・ライフ・バランスを可能にする人事制度の改革が躍進した。欧米民間企業などでの経験が豊富なプロで、そのうえうれしいことに女性である。言うまでもなく、組合と一体になって改革を主導してくれた。

勤務開始・終了時を選択できるフレックス・タイム。条件がそろえば家で仕事ができるインターネット通勤。複数の職員がひとつの仕事をパートで共有するワーク・シェアリング。出産と産後の回復期以外は男女平等な子育て休暇。次から次へと、仕事と家庭の両立を奨励する制度が、実現した。

新制度は、欧米の人事専門家協会等から表彰を受けるまでに成長した。おかげで、他の国際機関や企業を蹴って世銀を選択する新入職員が増え、女性が増えた。人材獲得競争相手の雇用条件に比べれば、これも当然のことだった。

が、またその報告に驚く経営陣を見て、放置したままの疑問が気になった。まず現場を見てから考えようと、新制度を積極的に活用する部局を選び、訪ね回った。

行く先々は、笑い声に満ちる部局ばかり。これが世銀の職場かと驚いた。一人のマネージャーが、照れながら言った。「以前は、特に明るい職場ではなかった。改革のおかげで、僕に部下の声を聞く耳が備わったからだろう」

目から鱗《うろこ》が落ちた。疑問を取り巻く霧が晴れ、点と点がつながり始めた……。

ワーク・ライフ・バランス問題の核心は、部下の声を聞く耳をもたない経営文化、経営陣のトップダウン思考だと、気付いた。組織の少数民族である女性はもちろん、男性の声さえ届くはずがない。まして遠く離れた現場の声や、顧客であるべき貧民の声など、聞こえるわけがない。このままでは世銀が危ないと、背筋が寒くなった。

女性問題解消へのチャンピオン（擁護者）として組合活動を支えていた取締役のS氏に相談した。「組織を成す人間の声を聞けない世銀に、未来はない。世銀の未来像を実現する人材育成のビジョンがないも同然だから」。その通りとS氏が笑った。「女性問題にメスを入れる意義も、そこにある。顧客の過半数が女性。男女両方の観点なしに、顧客のニーズは把握できない。世銀の未来は女性人材の育成だ」と、高々と笑った。

点と点がつながって、未来へと伸びる一筋の線になった。

松下幸之助氏の口癖だと、祖父から教わった言葉を思い出した。「松下電器は人をつくるところです。併せて電気器具もつくっています」

（二〇一〇年五月）

## 学習の道

「権力は腐敗しがちであり、絶対権力は絶対に腐敗する」。世界銀行の仕事で国家元首や議員らと会談する際、よく引用した格言だ。広く知られている割には、その著者アクトン卿と彼が残した言葉の背景を知る人が少ない。

著者の正式な名は、ジョン・E・E・ダルバーグ＝アクトン、初代アクトン男爵。十九世紀中頃、英国下院議員を務めた。晩年ケンブリッジ大学で教鞭《きょうべん》をとった歴史学者でもある。傑出したリベラル派思想家として政界に重んじられ、特にグラッドストン首相（第四十一・四十三・四十五・四十七代英国首相）の信頼が厚く、英・自由主義政治の進展に多大な影響を与えた。

一八七〇年、穏和な性格で知られるアクトン卿を激怒させることが起こった。カトリック教会の総本山ローマ教皇庁が、教皇不可謬《ふかびゅう》説を正式に宣言布告したのだ。

教皇不可謬説とはカトリック教義のひとつで、その歴史は古代までさかのぼり、さまざまな

ジョン・E・E・ダルバーグ・アクトン男爵

解釈があるらしい。要約すると誤解を招く恐れがあるだろうが、ローマ教皇が信仰や道徳について神の啓示として宣言するときは、聖霊の導きにより誤ることがないと定める。

教皇の絶対権力を定義したと言えるこの布告は、世界各国で大議論を巻き起こし、反対して分離する教派も出て、カトリック教会に危機をもたらした。敬虔なカトリック教徒だったアクトン卿も反対運動を起こし、ローマまで直訴にさえ出向いた。が、神が味方と信じる一徹さからか、教皇庁は一歩も譲らず、教皇不可謬説は今日も教義の一環として残る。

冒頭にある格言の出所は、アクトン卿が一八八七年四月に英国教会主教マンデル・クライトンへ宛てた手紙である。教皇不可謬説に反対した理由を能弁に語る手紙で、読むたびに深い感銘を受ける。格言を含むその一節を訳してみよう。

「過ちを犯すはずはないという好意的な仮定のもとに、教皇や国王を他の人間とは異なる尺度で評価すべきだという教会法を、認めることはできない。仮定をするとすればその逆であり、権力が増すほど権力者に不利な仮定であるべきだ。法的な責任が欠如しているからには、歴史に基づく責務で補わねばなるまい。権力は腐敗しがちであり、絶対権力は絶対に腐敗する。偉大と呼ばれる人は、権力ではなく影響力を行使する場合でさえも、大抵は悪人である。権威が堕落を招くという傾向ないしは必然性をつけ加えれば、なおさらのことである。地位そのものがその職に就く人間を聖別するということほど、悪質な異端説はない」

　有名な格言にありがちなことだが、英語圏でも間違って引用されることが多い。原文の「Power tends to corrupt, and absolute power corrupts absolutely」を、一言一句、正確に引用した国家リーダーを、私は一人しか知らない。ブータンの先代国王、ジグミ・シンゲ・ワンチュク雷龍王四世だ。もちろん、格言の背景も御存知で、アクトン卿の自由主義政治哲学を見事に表す言葉「自由とは好きなことをする権力ではなく、為すべきことができる権利である」を、好まれた。

「指導者を資格ではなく生まれで選ぶ政治は、必ず危機を生む」が口癖の国王は、即位直後から民主制への政治改革を先導し、絶対王制の権力を一つ一つ自ら放棄し続けた。総選挙を二年後に控えた二〇〇六年、初の民主政権が成立する節目にと突然退位。国民を悲しませ、国際社会を驚かした。

在位三十四年間、民主制に不安を隠さず今のままでいいと猛反対する国民を、辛抱強く諭し続けられた国王が、退位直前に民に伝えたお言葉がある。「国を想い民に尽くす指導者を選ぶことを考えよう。その義務を果たす学習の道が、もうすぐ始まるのだ」

私たち日本国民もまた、同じ学習の道をたどる……。


（二〇一一年九月）

## 歩き回って……

歩き回ることを、英語ではwalk aboutと言う。このふたつの単語がひとつになったwalkaboutという言葉がある。オーストラリアの先住民が、母なる大地と祖先との精神的なつながりを求め、先人が太古から原野に刻み続けてきた路《みち》をたどり行く旅を、そう呼ぶ。

この言葉の略式的な使い方に、go on a walkaboutという表現がある。社会的な地位の高い人、特に王家の人々が、民の心情や生活状態の現実を把握するため、視察に出かけることを言う。

シェイクスピアの史劇『ヘンリー五世』に、その視察の一幕がある。フランスの王位継承権をめぐる百年戦争の一戦、アジンコート合戦での場面だ（一四一五年十月二十五日、ヘンリー五世が率いる英軍が長弓を駆使し、兵力約三倍の仏軍に圧勝した合戦として歴史に残る）。戦いの前夜、戦果に不安を覚える国王は、身をやつして野営地を歩き回り、兵士と語り合って彼らの心情をつかむ。翌朝の出陣前に、彼らの心に熱く語りかける国王の演説は兵士を奮い立たせ、勝利に

17 歳で即位した直後。僻地の行幸に出向く雷龍王 4 世（写真提供：ブータン王室）

導くという筋書きだ。

合戦当日の祭日名から「聖クリスピン祭日の演説」として知られるくだりは、ヘンリー五世の野営地御忍びと同様、史実ではない。が、シェイクスピア名文中の名文で、幾度読んでも鳥肌が立つ。

英国王室の伝統なのか、近代ではジョージ六世とエリザベス王妃に、walkabout の例を見る。第二次世界大戦中は、疎開を拒否し、バッキンガム宮殿で被爆した際には「空爆を受けてうれしい。これでイーストエンド（空爆が激しいロンドン東部地区）市民の顔を直視できる」と宣言。ロンドン市内や海外戦地はもとより、ドイツ軍空爆で破壊された国内各地を視察し、国民を慰め続けた。私の夫（英国人）の両親は、生前「両陛下から頂戴したインスピレーションと勇気には、計り知れないものがあった」と、目に涙を浮かべるのが常だった。

「雷龍の国」ブータンの前国王ジグミ・シンゲ・ワンチュク雷龍王四世も、在位三十四年間、精力的に国中を歩き回った。人口約七十万の国民の大半が、車道から徒歩で半日から数週間の在所に住む国だから、当然と言えばそれまでだ。

しかし安易な旅ではない。ブータンの南は海抜二〇〇メートル前後のインド国境を覆う熱帯ジャングル。北は七〇〇〇メートル級のヒマラヤ巨峰が連なる中国国境。その間、直線距離にして二〇〇キロを無数の激流が貫き、波打つ山脈がせり上がる国土である。酸素の薄い大気にあえぎ、雨期には蛭《ひる》に血を吸われ、蚊や蚤虱《のみしらみ》に悩みながら、国王は自らに野宿を強いて歩き続けた。

口堅いのが国民性のブータン人だが、誰でも「国王には心を開いて真実を語る」と、胸を張る。今では世界的に知られる「国民総幸福量」という名の政治哲学は、雷龍王四世が即位直後の行幸から得た、大きな収穫だった。

数年前の退位以来、国民の前からきれいさっぱり姿を消した国王だが、御忍び walkabout には好都合なのだろう。その御忍び最中の国王を拾ったタクシー運転手が、おもしろおかしく語ってくれた。

「タイヤがパンクしたから自転車も乗せろと言う客に、自分で車の屋根に縛りつけろと命令した。行き先はサムテリン（王の住居）と言うから、陛下の護衛兵だろうと思った。が、防寒帽を目深く被った顔に見覚えがある……。

『俺たち会ったことがあるかい？』『ああ、小さな国だからな！　ところで景気はどうだい？』

陛下だと気付いたが、覚悟した。せっかくのお楽しみを滅茶苦茶にしてはいけないとな。で、腹を割って真面目に話した。経済談義に花が咲いた。うれしかったぜ！」

権力者の謙虚な姿に心打たれぬ民はいない。我が国の政治家や官僚にも、お勧めしたいが……。

（二〇一一年十月）

# 人民王の本気

日本に限らず世界中で暗いニュースが多すぎた今年、明るいニュースの筆頭は、先月国賓として来日されたブータン国王、雷龍王五世の御成婚だろう。世界の主だったマスコミがブータンへ取材に来ていたが、特に印象深かった報道は、BBCワールドニュースだった。現地からの特派員ニュースを流した直後、ロンドンのアンカーマンが心底うれしそうに微笑んだ。そして締めくくりにただひと言、Good stuff!（いいねえ！）。即位間もなく、誰からともなくPeople's King（人民王）と呼ばれるようになった王者の姿が、ニュースのストーリーはもとより、映像のいたるところに明らかだったからだろう。

「民のために」との御意を受けて、婚儀祝典の主役は国民。他国の王族の姿は見あたらず、外国人は、SAARC（南アジア地域協力連合）諸国の次世代リーダーと、国交を結ぶ少数の国々の大使夫妻、私たち夫婦のように私的に招かれた数人だけだった。

十月吉日、ブータン仏教の総本山がある古都プナカで、婚儀は大僧正により厳かに挙行され

未来のお妃（当時）と僻地行幸を共にされる雷龍王５世（写真提供：ブータン王室）

た。

翌日、首都ティンプーまでの国道沿いに、参賀に駆けつけた村人たちの人垣が延々と続いていた。標高一二〇〇メートルの古都から二三〇〇メートルの首都まで、その間標高三一〇〇メートルの峠を超える道程である。国王王妃両陛下は、そのほとんどを車から降り、日の出前から真夜中まで参賀に応えつつ歩き通された。

敬愛と忠誠の印に白絹のスカーフを捧げて深々と頭を下げる沿道の人々。その一人ひとりの目線まで、丁寧に腰を屈める王と妃。お年寄りには肩に手を置き、子供にはキスをしてくれと頬を向け、幼児を見れば抱き上げて、「僕のワイフだよ！」と、誇らしげに王妃を紹介する王……。

祝典は、首都の屋外スタジアムで催された。参加した約十万人の声に応じ、王妃の頬にキスをして、

婚儀の翌日、首都ティンプーに向かわれる雷龍王5世と王妃両陛下（写真提供：ブータン王室）

物足りないと言う観衆のどよめきに赤面する王。それではと素早く唇を合わせて、民と共に笑う王と妃。ブータンの発展と今日の自分の幸せがあるのは、雷龍王四世の献身的な努力の賜物だと、観客席の父君に深々と礼をして、民衆の涙を誘う王。盆踊りによく似る踊りの輪に飛び入って、国民と共に楽しむ王……。

そのお姿に、戴冠式以来重ね続けておられる全国各地への行幸に想いをはせた。祖父君雷龍王三世による土地改革が残した問題点を、最終的に解決するためだが、最高目的は、新国王として国民一人ひとりの「心を聴きとる」ことにある。ご婚約が公にされてからは、王妃もお供に加わった。

行幸とはいえ、車に頼る安易な旅ではない。海抜二〇〇〇メートル前後のインド国境を覆う亜熱帯ジャングルから、七〇〇〇メートル級のヒマラヤ巨峰が連なる中国チベット県との国境まで、直線距離はわずか二〇〇キロ。そこを無数の激流が貫く国土は、複雑に入り組みながらせり上がる山脈の連続である。国民約七十万人の大半は、車道から徒歩で半日以上の距離に住む。往復数週間かかる僻地の在所も多く、人口密度にして一平方キロあたり約十七人が、日照時間の長い山肌を求めて散在する。橋のない川を歩き渡り、酸素の薄い大気にあえぎ、雨期には蛭《ひる》に血を吸われ、蚊や蚤虱《のみしらみ》に悩みつつ、野宿を強いて、一軒一軒、民家を訪ねゆく行幸である。

だからこそ、国民総出で「人民王」御成婚を心の底から祝うときだった。祝典に臨む国王の姿勢には、二年前の戴冠式で「息子として、兄弟として、親として、民に尽くす」と誓ったリーダーが、家族である国民と幸せを分かち合おうとする本気のみがあった。

その本気を礎に築かれたリーダーと国民の相互信頼と調和が、どのように高価な飾り物よりも美しく輝いていた。国家安泰の要ここにありと、涙が止まらなかった。

（二〇一一年十二月）

# 切り絵のビジョン

大学院に進むべきか否か悩みに悩んで、キャリアの未来像さえ見えなくなったときがあった。その迷いがあっという間に消え去った体験を、新聞のインタビューで話したことがある。「眼下に開ける太平洋を見ていたら『何を悩んでいるのだろう。私のやりたいことは経済学だ』という答えが、すうっと見えてきました」（日本経済新聞「人間発見」二〇一〇年一月十九日）

これを読まれた小説家の保坂和志氏が、「風景の力」と題したコラムにこう書いておられた。「面白いのはここだ。答えが風景からもたらされた。（中略）これは見方によっては神秘主義の二、三歩手前だ。私は否定的に言いたいのでは全然ない。人間とはそういうものなのだ。論理的な積み上げだけではどうにも解決が得られないとき、人は風景から答えを与えられる。論理的な積み上げだけで得られる答えなど、普通サイズの人間の枠を一歩も出ない。（中略）人間の思考というのは風景の力を得て、一段上にいくのだと思う」（日本経済新聞「プロムナード」二〇一〇年二月四日）

「風景の力」と似通うものが、切り絵を作ることにもあるように思う。立体的な感覚で把握したい何かを暗中模索しているとき、文章や絵図で表現しようとすると、平面直線的な論理に邪魔されるような気がする。そういうとき、ぼんやり雑誌や新聞を繰っていると、写真や見出しが紙面から飛び出してきて、「これだ！」とパッとひらめくことがある。そのひらめきをねらい、切り絵の力を借りたことがあった。

世界銀行で組織文化の変革に着手した頃、「皆で夢見る世銀を描こう」と部下を誘った。椅子を取り払った大講堂で、小さなグループに分けた部下たちに輪になって座ってもらった。輪の中央には、それぞれポスター寸法の白紙と、糊、ハサミが置かれ、古雑誌と古新聞が山のように積まれた。「皆の夢にピッタリ合う切り絵のモザイク画を作って」と頼み、ボスにうろうろされては邪魔になるだろうから終わったら呼びに来るよう言い残して、退場した。

途中でこっそりのぞいた講堂は、笑いの渦に満ちていた。当時、部下（ほとんどが男性）の平均年齢は、私よりひと回りほど上だった。その大の大人たちが、嬉々《きき》として切り絵遊びに興じていた。まるで幼稚園の風情に、たまげてしまった。

講堂の壁にずらりとはり回された切り絵の集団は壮観で、なぜかはっとさせるものがあった。各々グループの代表に絵の意図するところを話してもらい、一枚ずつ聞き取りを始めた。

ザワザワしていた講堂が、だんだん静かになっていった。思い思いに描かれたモザイク画の色や形は違っても、次から次へと語られる夢はもれなく同一……。針一本落ちても聞こえるような静寂が訪れ、神秘に満ちた時が流れた。

最後の切り絵の説明を聞き終えて、床に座ったままの約六〇〇人の顔をゆっくり見渡した。皆、そろって深い感動に打たれているのが一目瞭然。目を潤ます者も少なくなく、私の涙を誘った。「言葉で共有したい」と、志願者たちが自発的に書きあげた「夢見る世銀」ビジョン。その一言一句に宿る言霊が、また涙を誘った。

企業や役所等、諸々の組織がビジョンを掲げ一般公開するようになってきた。良い傾向だが、いくら読んでも肝心のビジョンが見えないことが多い。生意気だが、つい本気かしらと疑ってしまう。

媒体手段が文字であれ、信念をもって書けば、言葉が絵になる。組織を成す人々が一丸となって作成し、深いところで共有して追求するビジョンなら、読む人に感動を与える絵になるはずだ。

人間、感動なしでは、本気で動かない。本気で動かぬ人間の組織に、ビジョンを追求し続ける変革は、在り得ない。


（二〇一二年二月）

# 第二部　私たちのリーダーシップ　私たちの国づくり

## いま、正す時

人間は健康で幸せな人生を望む。しかし、そのためにどれだけの資源を費やすのだろう。地球一個では足りないほど使ってしまえば、せっかくの幸福さえ持続できない。

その効率を測る物差しの一つがハッピー・プラネット・インデックス（地球幸福指数）だ。英国のシンクタンク、新経済学財団が二年前に開発、一七八カ国別に測定した。各国の国民が抱く人生への満足度に平均寿命を掛け、生態学的地球資源活用量で割って出す。

結果はHappyがUn-Happy（不幸）と手直しされた報告書の表紙に一目瞭然。ほどよい資源活用で国民が幸せに長生きする理想的な国はない。

アジアのトップはベトナムで世界十二位。国民総幸福量を謳《うた》い自然保護に熱心なブータンの民は世界一、二を競う幸せ者だが、平均寿命がまだ短いからアジアの二位、世界では十三位。

先進国はそろってぱっとせず、なかでも特に悲しいのは日本。資源を使いすぎて長生きする国民が、それでも幸せとは感じていない。アジアの下位で世界第九十五位。

世界一位は大洋州の小さな島国バヌアツ共和国だ。続いてコスタリカなど中南米の数カ国とともにカリブ海域諸国が上位に並ぶ。特に小さな島国が優位で、報告書は学ぶことが多いはずと注目する。

そのカリブ海に浮かぶ英領バージン諸島を本拠にして四年になる。大小約六十の島々から成り、あわせても小豆島《しょうどしま》の面積に足りない小さな島国。大きな世界地図でも芥子《けし》粒数個が散らばっている程度で、普通の地図には載っていない。

島に移り住んで以来、日本に帰って雨が降るたびに「もったいない」といたたまれなくなる。英領バージン諸島に川はない。貿易風に乗って谷から谷へと渡る亜熱帯スコールは、情熱的にザーッと降ってすぐ止む。険しい山脈がどっぷり海に浸かった島々のこと、雨水は急斜面を駆け降りて海に消える。海岸沿いの平地に海水湖はあっても淡水湖はない。井戸を掘っても真水は出ない。

島民は雨水を貯めて生活用水を確保してきた。昔から家屋は貧相でも貯水槽は立派な石造り。屋根と貯水槽をつなぐ竹の雨樋《あまどい》が命綱だった。我が家にも二万リットルほどの貯水槽がある。たいそうな量に聞こえるが、日本の感覚で使えば、ひと月ともたない。

島民の節水態度はお見事。引っ越したばかりの私たち夫婦を案じて、わざわざ節水の英知を伝授してくれた。「水は最低二回使いなさい」と真面目顔。雑巾がけの水は庭木に。食器洗い

英国領バージン諸島の民家に残る石造りの貯水槽（写真提供：英国領バージン諸島政府アーカイブ）

の水は流しの掃除に。皿洗い機は大量の節水になるから、決してぜいたくではないとも教わった。下水は自家処理をして庭を潤すように設計されてある。

「流しっぱなしをしたら逮捕されるぞ」と笑い、シャワーの使い方まで教えてくれた。「まず体をぬらして栓を止め、石鹸《せっけん》を使ってからまた開くこと」。お風呂より海に浸かったほうが肌にも体にもいいと熱心に勧める。確かに虫さされや傷があっという間に治る。

近年、海水を淡水化する処理工場ができて上水道が完備した。それでも島民は雨水に頼り続ける。水道は旱魃《かんばつ》のときのバックアップにしなさいと言われた。脱塩処理をしても塩分が相当残るから、金物に錆びがくる。洗濯機などがすぐ壊れてしまうからだ。

島の人々は雨と来客を神の恵みと歓《よろこ》び、客には必ずよく冷やした水を出す。一滴たりとも無駄にせず、思い思い工夫をこらして濾《ろ》過殺菌した水だ。心のこもる天水は甘露《かんろ》。幸せを呼ぶ。英領バージン諸島の国内総生産（GDP）は一人当たり年間二五〇万円前後にすぎない。しかし雨を歓び節水に尽くす島民は、日本人が想像もできない幸せに恵まれている。

お金だけで幸福は買えないのに主流の政策思考は経済成長に偏りすぎる。今、正す時が来ている。

（二〇〇八年四月）

## お高い電気が幸せを

英国領バージン諸島の別荘を本拠にして驚いたことはたくさんあるが、そのひとつが電気料金。安すぎる米国の感覚で使っていたから、初めての請求書に仰天した。計算したら、一キロワット時で二十五セント。当時米国では八セント、日本でも二十セントを切っていたから、驚くのは当たり前。調べてみると、デンマークに次いで世界第二位の高料金だった。最近は四十セント前後だから、世界でいちばん高い電気かもしれない。

一九六〇年代まで無電島だったからか、高い料金の文句など聞いたことがない。家のお手伝いさんは、暗い所でも「見えるから」と電灯を点けずに働く。「ありがたい」と節約する土地の人に倣おうと、せっせと節電を始めた。

まず家中の白熱電球を電球型蛍光灯に替えた。電気釜でご飯を保温などとんでもない。テレビは見終わったら必ず元を切る。ステレオも同じこと。使わない部屋の電灯は必ず消す習慣もついた。

それでも毎月の請求書はあいかわらずお高い。そのうえ、頻繁な停電が頭痛の種に加わった。この島国は重油火力発電（総出力三十九メガワット）に頼る。燃料はもちろん輸入だが、タンカーが入る港などない。沖に停泊する小型タンカーからパイプで送り込むから、シケが続けば停電になる。小国の悲しさで、タービン一機が故障しても、てきめん停電になる。そのタービンがロールスロイスのお古で調子が悪くなったらしい。新しいものに替えるまで二年かかるという事態が起きた。

再生可能エネルギーのことを初めて真剣に考えた。口では偉そうなことを言っても、家で実行したことがない。頭とハートがつながっていなかった自分に気づいた。

動機は単純。抹茶アイスクリームを作っている最中、停電になってしまったのだ。ディナーパーティと夫の大好物がだいなしになって、やっと堪忍袋の緒が切れた。

常夏の島のこと、太陽光線はふんだんにある。ペイバック期間が思ったより短かく、夫いわく「メンテナンスも自分でできる」からと、太陽光発電に決めた。

島の陽気な電気屋さんがやって来て「健康診断！」と、電気器具の電力使用量を監査した。電気を熱に変える湯沸かし器や、トースター、洗濯乾燥機、ヘアドライヤーなどは、電気の大食い。冷蔵庫と掃除機もばかにならない。驚いた。電気屋さんに「生活習慣を変えないと、この島どころか地球一個を食いつぶすぞ」と叱られた。

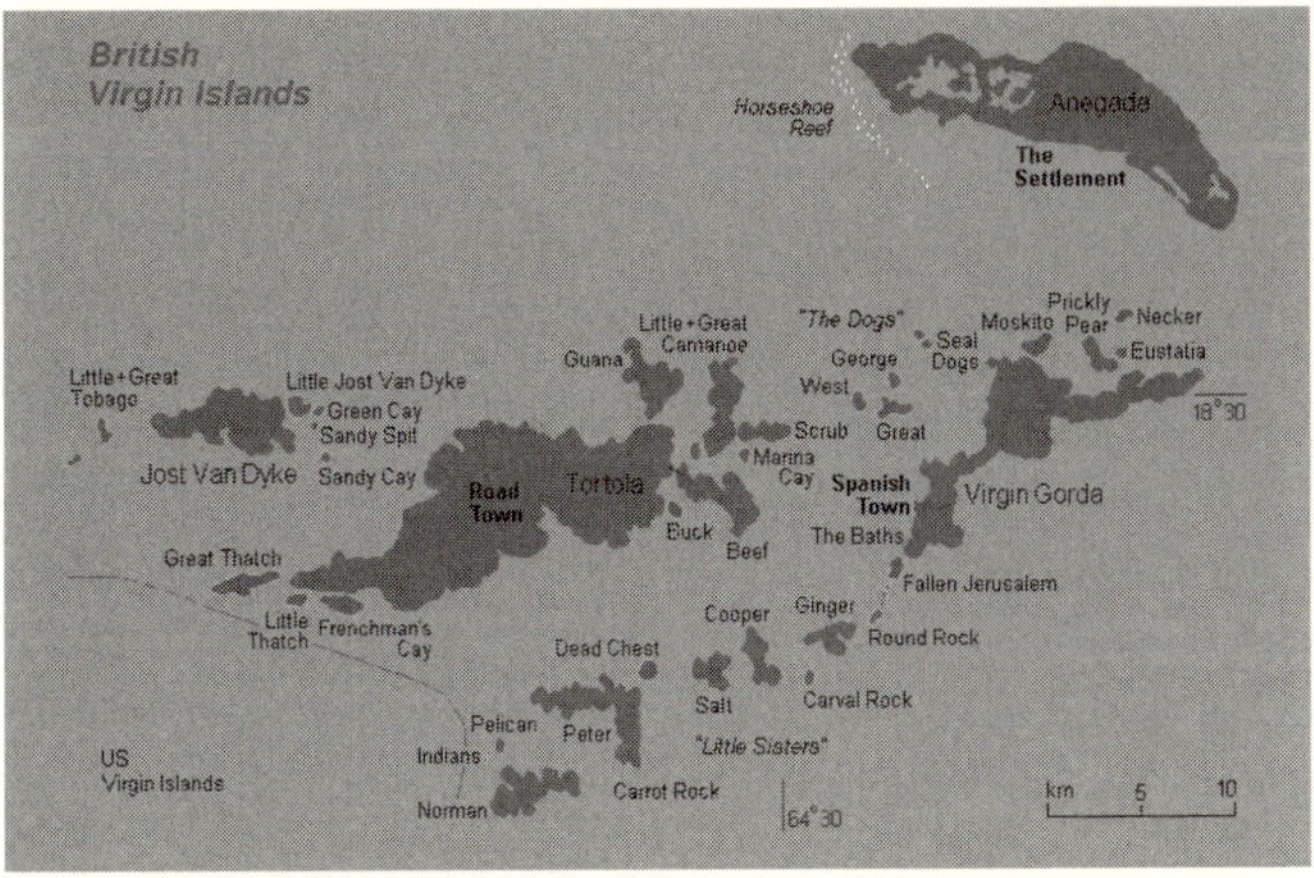


英国領バージン諸島の地図

湯沸かし器にさようなら。気のせいか火で沸かす湯の味がいい。

トースターにも別れを告げた。ガスオーブンで焼く自家製のパンは、そのままがおいしい。イーストの香りを楽しみながら膨らむのを待つ時間が大好きになった。

もちろんコーヒーは手でドリップ。コーヒー党の夫がこんなにおいしいものだったかと感激した。

洗濯物は、嵐でも来ないかぎり外で乾かす。紫外線の殺菌・漂白効果に驚き、太陽の香りに幸せを感じた。漂白剤や柔軟剤ともおさらばだから、経済的だ。

ヘアドライヤーも消えた。自然乾燥の髪はさらりとご機嫌がいいし、夫の悩みのフケも消えた。

昼間余った電気は逆潮流で電力会社に売る。急に商売気を出した夫が、逆回りするメーターを見ては喜ぶ。冷蔵庫と掃除機だけは例外として、洗濯機を回すのも皿洗い機も、太陽と夫のご機嫌をうかがってからの習慣になった。

気がついたら家事嫌いだった私も夫も、家事が大好きになっていた。そして電気代が六割減った。

英国領とは言え、この島国の内政権は他の国と違わない。島民の生活は楽ではないが、電気料金の設定に悪い政治介入などしない国。

お高い電気が、豊かな生活を運んでくれた。良い政治を選ぶ島民と常夏の太陽に、心底感謝する今日このごろ。幸せだ。

（二〇〇八年五月）

# お年寄りばんざい！

「後期高齢者」医療制度改革にもの申す年配の方々の怒りをニュースで知って、思わず「お年寄りばんざい！」と跳び上がった。改革の内容を初めて読んだとき、日本の政策は発展途上国以下だと憤ったのを思い出したからだ。

世界銀行時代、担当国から同様な改革案を構造調整融資の対象に提出されたら、拒否しただろう。社会経済の構造改革はみなそうだが、特に年金や社会保障制度などの改革は、国家財政と切り離して考えると大間違いを起こす。日本のように国家の台所が火の車で、財源にも歳出にも構造的な問題がある国ならなおさらのこと。同時進行形の包括的な財政改革なしには受け付けないのが世銀融資の鉄則で、職員の常識でもある。

世銀の株主は加盟国の国民だから、本気で国民の視点に立つ努力をするのが当たり前。本気なら、生活に影響を与える国家政策のすべてが横につながっているのがすぐ見える。国民の生活が、財務、厚生労働などの省庁別に縦に区切られる好都合など、あるはずがない。

とは言うものの、世銀でも大組織によくある官僚的な文化が問題になった時期があった。悪質な縦割り業務もそのひとつだった。

融資の仕事は世銀の花形で大幅な予算もつくから、衛生・医療、教育、インフラ、農業など各部門の融資部長は主導権を競った。開発援助の仕事は、何ひとつとっても多様な専門分野にまたがる。誰がリードしてもいいのだが、それが難となり醜い争いにさえなった。

この傾向を消す術を部下七〇〇人と話し合ったとき、いっそのこと部門別の区切りをなくそうかと提案したら、組織改革は癌《がん》に絆創膏《ばんそうこう》だと諭された。心がまえの問題だから、組織改革は意識改革に準じるべきだと言う。部門を越えるチーム精神を人事の中心に置かなければできない改革だと教わった。

横割り文化を奨励する誘因を真剣に考えようと話し合った。チーム精神を、採用から訓練、昇進、能力・業績給、果ては解雇まで、すべての基準にすると決めたとき、部下の一人が意見した。「何事も、まずトップが本気で実行しなければ変わらない」。なるほどと、部長グループを経営チームに変えると固く約束した。

チーム性に欠ける人材は、矯正が不可能な場合は首にしたから、真剣勝負だ。チームという言葉はよく使われるだけに誤解が多いと知った。定義はいろいろあるが、本物を見極めるには五つのチーム性格がたいへん役に立った。

（一）指導権に執着せず、状況に応じリーダーシップを分かち合う。
（二）個人に責任はなくても、チームの共同体責任を快く負う。
（三）自発性に優れ、チームの目標を自分たちで設定して行動に移す。
（四）正直な会話を好み、幅広く開放的な議論で問題を解決する。
（五）仲間との仕事を楽しみ、よく笑い、チームの集いを待ち遠しく思う。

意識改革は終わりのない仕事だったが、とにかく楽しかった。ビジョンと価値観を明確に共有し、被融資国の国民から視点を外さず、予算は譲り合い、よく働きよく笑う経営チームとの日々。「朝起きて出社するのが待ち遠しいほど幸せな職場を創ろう」という皆の夢を現実にしてくれた。毎日が楽しければ楽しいほど、母国の縦割り行政を憂える日々でもあった。

日本の未来像を考えるとき、人口の高齢化がなぜ「問題」なのか、さっぱりわからない。重なる年輪は豊富な経験と英知。医学の進歩は、遠くない将来、不老長寿を可能にするとも聞く。すべての産業を知識産業と捉えれば、年齢と人的資源は反比例しない。老後や引退への考え方を変える時が来た。

国家でも企業でも、リーダーが悲観するとその通りになる。世界一の長寿国は、豊富な経験と英知を資産と誇る国。「お年寄りばんざい！」と祝おうではないか。

（二〇〇八年六月）

# 小さな大国

カリブ海に浮かぶ英領バージン諸島を本拠にして五年になる。北緯十八度西経六十四度周辺の大小約六十島から成り、あわせてやっと小豆島の面積だ。ほとんどが無人島で、「宝島」物語のモデルになったノーマン島もそのひとつ。亜熱帯ジャングルの緑に覆われた険しい山脈が、群青の海にどっぷり浸かった姿を想像するといい。

国旗にラテン語でVigilate（用心深く）とある国標の通り、島民は至極用心深い。ほとんどの人が、植民地時代に綿花やサトウキビを栽培する農園で過酷な奴隷労働を強いられた、アフリカ人の子孫だ。当然のことだろう。

その用心深さが国運を変えた。第二次大戦後、「陽が沈まぬ」とまで言われた大英帝国の崩壊に、世界は独立解放の熱に浮かれ騒いでいた。その世情に背を向けた島民は、独立を勝ち取ったカリブ海域諸国どころか、全世界に散らばる元英国領の国々の笑い者になったと聞く。島のリーダーたちは、「人口一万人少々（当時）の島国に独立国家経済を維持するゆとりはない」と気にもかけず、「笑うほうが非常識」と動じなかったそうだ。英国海外領地として小国の活を求める道を選び、外交と防衛は英国にまかせて、内政は独立国と違わない自治権を取得した。用心深さは先見の明を誘うのか、世界史を顧みれば賢明な選択だった。

六〇年代まではインフラなど何もなく、島民は貧困にあえいだ。しかし用心深い人々は、島の宝は人民と自然のみと、教育や自然保護を重視した。この姿勢は自然環境保護運動で大きな業績を残した慈善実業家ローレンス・ロックフェラー氏に深い感動を与えた。彼は私財を投じて、空港や、港、電気、上水道、道路などを整備し、超高級リゾートを開発した。そのおかげで観光部門が発展し、常夏の島国の経済を潤した。

それでも用心深い島民は、観光部門に偏るリスクを案じて、自然を破壊しない産業部門を探し続けた。八〇年代に、オフショア法人・金融部門に注目したが、ノウハウがない。それを聞き知って動いたのが、ロックフェラー同様、島の自然と賢明な島民を愛する一人の観光客だった。

ニューヨークの高名な弁護士だったその人は、島国のリーダーシップ精神に感動し、ウォール街の仲間を集めて無償奉仕で手伝うと名乗り出た。米国を含む世界各国の法人税改正や、不正資金洗浄を防ぐ管理対策など、予想以上の大仕事となった。が、小さな国の偉大なビジョンに一心奮起したチームは、無償の約束を守り最後までやりとげた。「カリブ海域の奇跡」とま

英国領バージン諸島の国旗

で言われる高度成長が始まった。

戦後の通貨の選択も用心深く、独自貨幣は小国に損と拒否したことも幸いした。英ポンドより米ドルが地理的に優位だと、ドルを選んだ。米ドル通貨の特典に英領の安心と良いガバナンスが加わるオフショア法人・金融センターは、希少価値が高い。資産額で世界のトップを競うまでに発展した。

しかし今、アメリカ発経済危機が、観光とオフショア部門双方を直撃している。それでもこの島国はびくともしない。我が国のように行政が労働市場の流動性を束縛した歴史もなければ、危機だからと偏った労働政策など考えない。

島民は職をひとつに限らない。昼間は役人、夜は自動車整備工、週末は農業など、自分のことは自分でと、さまざまな危機管理をしてきた。早朝から出勤までの二時間を我が家で働くお手伝いさんも、昼間は役所勤め。「失業したら、社会保障が最低限の生活を保証してくれる。それよりも、迫害の歴史が培った仲間社会や大家族が、面倒をみてくれる。不安などない」と、まるで平気だ。

雇用激震に国民の不安が増す我が国に想いをはせる今日この頃。この島国が小さな大国に見えるのは、私のひいき目なのだろうか。

（二〇〇九年四月）

# 島の陽気なお寿司屋さん

英国領バージン諸島に本拠を移す決断の時、夫が「大問題がひとつある」と、寿司屋が一軒もないことを指摘した。家でつくってあげるからと約束して、一件落着。

しかし、いざ引っ越して途方にくれた。カリブ海の魚はシガテラという恐ろしい食中毒を起こす。珊瑚《さんご》礁近海には毒素を持つ渦鞭毛藻《うずべんもうそう》というプランクトンが多く、食物連鎖の生体濃縮作用で魚類の体内に蓄積する。生はもちろん、煮ても焼いても食べられない。

約束は約束、菜食主義の寿司をと張り切ったが、それも大変だった。カルフォルニア産の日本米や米酢は手に入っても、みりんと昆布がない。シャリは工夫とごまかしで。具はアボカド、熱帯きゅうり、マンゴーなど。海苔もないから、ちらしやカリフォルニアロールで我慢して、せっせと作った。たまに近くの仏領の島からフランス製のウニやイクラの瓶詰めが入荷すると、大騒ぎ。まるで宝石を寿司にするような気分になった。

そんな島のことだから、ヨットクラブで週一回、寿司屋が開店するとのニュースに仰天した。

巻き寿司中心のメニューで、魚は冷凍マグロに真空パックの鰻の蒲焼きくらいしかない。が、とびこやイクラの握り、枝豆のおつまみ、海老や熱帯野菜の天ぷらもある。

起業家は小学校の先生で、冷凍魚類の輸入会社も経営する。島民の単純な食生活に少しでも変化をと一心発起し、始めた。寿司はずぶの素人で「食べたこともなかったわ」と、笑う。

彼女の社会起業家精神と勇気に感じ入って、応援を始めた。おいしいご飯の炊き方や、合わせ酢の加減、シャリ切りの方法、厚焼き玉子の作り方など、手とり足とり伝授した。

商売繁盛でうれしい悲鳴をあげるまでに成長したが、味が理由ではない。客も働く人も同様に、週一回の開店が待ち遠しいほど、陽気で楽しい寿司屋なのだ。人種も本職もさまざまな人がパートで働く台所は、チーム精神が浸透。和気あいあいで、それが客にも感染する。

毎週、本物のチームに感動しながら、チームという概念がグループ活動と混同されやすい現実を悲しく思う。働くグループ（▼印）とチーム（▽印）の性格を比べてみるとよくわかる。

▼グループは強いリーダーに率いられる。

▽チームは状況に応じてリーダーシップを分かち合う。

▼グループは個人が責任を負う。

▽チームは、誰の間違いでも、全員が共同責任を快く負う。

▼グループの目標は、指令されるか、所属する組織の目標と同じ。
▽チームの目標は、チームが自発的に設定し、行動に移す。
▼グループは各々個人が成果を収める。
▽チームは個人別の成果に執着せず、全員が共同成果を収める。
▼グループは能率的に会議を進行する。
▽チームは幅の広い開放的な議論と、活発に問題を解決する会議を促す。
▼グループは、外部への影響力を介して、間接的に業績を見る。
▽チームは、共同成果を直接評価して、業績を見る。
▼グループは、議論をし、結論を出しても、実行は委任する。
▽チームは、議論をし、結論を出して、自ら実行に力を合わせる。
▼グループは礼儀正しい議論を好む。
▽チームは率直で正直な会話を好む。
▼グループはただ黙々と働く。
▽チームは仕事を楽しみ、笑いが途絶えない。
▼グループは必要だから集まる。
▽チームは仲間との集いを待ち遠しく思う。

島の陽気なお寿司屋さんへ、母国の内閣と官僚を案内したい。チームの魅力に取りつかれたら素晴らしい国づくりができるのに……。

（二〇〇九年五月）

# スーパー・シチズンの反旗

国づくりは人づくりと、世界数カ国でリーダーシップ養成にいろいろな奉仕をしている。その教え子のひとりから、本当に日本人なのかと問われたことがある。
「正真正銘、日本製！」と旅券を見せた。「けれど教育は日本とアメリカで受けたから、平均して太平洋製かな。米国に長く住み英国人と結婚したから、大西洋製とも言える。でも今はカリブ海域を住処に地球が仕事場」。まるでＦＯＣ船みたいな人だと笑われた。

Flag of Convenience を略してＦＯＣ。その「便宜《べんぎ》置籍《ちせき》国の旗」は、船主の国旗ではない。低い税金や、安い経費、緩い規制を提供する国に船籍を登録するからだ。二十世紀初期にパナマが始めて以来、ＦＯＣを財源にする国が増え、パナマや、リベリア、バハマを筆頭に、約四十カ国が競って船籍サービスを提供している。

国籍の選択を商売の術にするのは船に限らない。オフショア金融がまさにそれで、企業の国籍にもＦＯＣ的な要素がある。株主の国籍を考慮に入れると、社籍がさっぱりわからなくなる会社も多い。

そして遂に人間もＦＯＣを掲げるようになった。「超越する民」とでも訳すのか、スーパー・シチズンと呼ばれる人種だ。彼らは、税制の透明度や税率、教育制度、医療制度、治安、自然環境など、生活とキャリアのためにさまざまな便宜を評価して、永住権や国籍を選ぶ。極端な例は、豪華客船型マンション。超越する民が大洋という無法・国際法地帯に解放を求め、ＦＯＣ船そのものを自宅とする。

国籍を政略結婚のように扱う人種は、昔からいた。大富豪や芸能界の著名人だが、動機は税金逃れのみだった。それが中産階級化していると言える。移民の歴史は人類の歴史。戦火や、災害、差別、迫害、貧困から逃れ新天地を求める人々の歴史だった。その歴史に質の異なる一章が加わった。

世銀を辞した後の住処に選んだ英領バージン諸島は、英国海外領土の安心に、米ドル通貨の特典、良いガバナンスなどが加わって栄えるオフショア金融センター。世界中から集まったスーパー・シチズンも、うようよしている。

私たち夫婦も彼らと似通った評価をしてこの島国を選んだ。が、人生の選択をいろいろするうちに結果的にそうなった。「だから国籍は愛する母国のまま」と胸を張ったら、夫に「断言できないぞ」と笑われ、ある事件を思い出した。

英国の義母が危篤との知らせに当日の航空券を緊急手配していて旅券が切れているのを発見。慌ててワシントンの日本大使館に走った。受付で懸命に事情を説明したが、至極冷たくあしらわれた。

義母の最期に間に合った夫に葬式にも行けないと謝ったら、まだ英国大使館があると言う。半信半疑で電話をかけて驚いた。まず交換手が「世界銀行の国連パスポートを持って、至急来館してください」。大使館の玄関では、待機していた紳士が車のドアを開け、お悔やみの言葉をかけてくれる。特別ビザの発行と英国航空の空席確認まで秘書に指示するその人は、会ったこともない一等書記官だった。頭を下げる私に礼は無用と微笑んで、壁の肖像画を見上げた。

「エリザベス女王陛下の政府にとって、英国人を夫にもつあなたは陛下の臣民と違わないのです」

涙があふれた。日本国籍を返上しようかと、本気で考えた……。

物も金も人間も簡単に国籍を超越する今日、スーパー・シチズンの反旗が翻る。政治、政策、行政の質を高めよと国家統治の国際競争を促している。負ける国は国民の信頼を失い、人材そのものを失う。テロ・麻薬・犯罪の巣と化し国連統治に国命を委ねるアフガニスタンが、その未来を物語る。

「国づくりは人づくり」の意味を覆す、二十一世紀の大課題だ。その到来に、我が国の政治家は気づいているか、いないのか……。

（二〇〇九年六月）

## 庄内人の魂

雷龍の国ブータンを初めて訪問したときのこと。パロ国際空港に降り立った瞬間、重量感のあるオーラを感じた。人のカリスマはともかく、国にそれを感じるのは不思議とびっくりした。それからちょうど十二年めにあたる昨年の春、山形県庄内空港に初めて降り立ったとき、同じオーラを意識して驚いた。

迎えてくれた土地の人に「庄内人の魂がこもる空港だ」と教わった。日本海と険しい山々に囲まれる庄内平野は、長年「陸の孤島」とさえ呼ばれ、空港は、そこに住む人々の夢だった。その夢をかなえようと酒田市や鶴岡市など土地の商工会が動き、なんと小学生までが十円玉を寄付して、開設に至ったそうだ。

客員教授として招待された東北公益文科大学も、庄内人が自らかなえた夢だったことを思い出した。庄内十四市町村の情熱が山形県を動かし、十年前に創立された公設民営大学だ。その設立宣言を読み返してみて、また驚いた。ブータンが実践する「国民総幸福量」とまったく同

国指定史跡松ヶ岡開墾場の大蚕室（明治８年造成）。旧庄内藩の近代興業事業の一環として約 3000 人の旧藩士が荒野を開墾し、養蚕産業を成功させた（写真提供：小林好雄氏）

じ公共哲学がそこにあった。

設立宣言の一言一句に庄内人の魂がこもる。読むたびに心が震え、涙さえ落ちる。要約不可能なその全文を、ここに紹介したい。

*

今、東北の一郭・庄内の地には、創造と進取の気性がみなぎっている。その息吹のなかから新しい大学が誕生した。日本で初めて公益学に挑戦する東北公益文科大学である。

庄内地方は、遠い北前船の時代には東日本・日本海側で最も栄えた港町を擁した。日本一、二を誇る庄内米などを扱って全国を先導した豪商・大地主も多く輩出した。さらに最上川や鳥海《ちょうかい》・月山《がっさん》には芭蕉《ばしょう》はじめ、多くの文人墨客《ぶんじんぼっかく》が足跡を刻んだ。また庄内藩とそれに続く城下町の伝統は高度の学術・文化を育み、蓄積した。

その豊かな歴史と事跡、試行と革新、そしてそれらを暖かく見守り包みこんできた美しく大らかな自然や景観から生まれたのが、公益学であり、公益大学である。

二十世紀は〈モノ・オカネ〉本位の資本と市場原理の時代であった。その時代は、子供にとっては必ずしも子供らしく楽しく過ごせる時代ではなかった。過度な競争、いじめ、暴力がしばしば跋扈《ばっこ》し、登校拒否、中退、学級崩壊も日常化した。

二十一世紀は〈ヒト・ココロ〉本位の時代である。〈世のため人のため〉の非営利の考えや活動、制度やシステムが大きな位置と役割を占めることになる。そのときこそ、子供が子供らしく、人間が人間らしく生きることのできる公益の時代である。

そこに至って初めて資本と市場の原理、そして中央や大都市本位の論理が、新しい公益原理によって検証され、公益と調和のとれる在り方を模索するようになる。

その公益原理に基づく公益学は、人間・自然・地域を尊重する視点から、自由と平等、平和と安全、保護と保全を人類と地球が永続的に保障されるのを支援すべく、理論や体系の確立に向けて研鑽《けんさん》を積む。それとともに、公益大学は、公益のかがり火を掲げて庄内を拠点に東北から全国、さらに世界を俯瞰《ふかん》し、着実に発信し、貢献する。

もちろん、これからの道程は長く厳しい。その長く厳しい道程を学生諸君、そして地域の人たちと共に切り開き、一歩一歩踏み固めていきたい。

＊

新政権は「コンクリートから人へ」と謳《うた》う。庄内人はそのコンクリートにさえ魂をこめ、持続的発展を追求している。帰国するたび、醜いコンクリートの塊と化した母国を嘆き、「これが発展か、人の住む国か」と憤ってきた私に、庄内が一筋の希望を与えてくれた。

ブータンに加えて、この先しばらく庄内通いも続きそうだ。庄内人が掲げる「公益のかがり火」が為す国づくりを夢みつつ……。

（二〇一〇年一月）

# 庄内人の魂ふたたび

山形県庄内にある東北公益文科大学から客員教授への招待を受けたものの、何を教えたら役に立つのか考え込んでしまった。長年、途上国の構造調整改革や金融改革に携わった経験はある。が、そういう分野で大活躍をされてきた黒田昌裕学長や竹中平蔵客員教授など、そうそうたる方が教壇に立たれている。考えあぐねた末、まず「現場」を見てからと、羽田を発った。

機体が着陸体勢へ大きく旋回すると、出羽《でわ》富士とも呼ばれる鳥海山《ちょうかいさん》が、視界に入ってきた。北に秋田県、西に日本海を控え、庄内平野を凛《りん》と見下ろすその美形に、江戸末期頃この地を慈しみ、近代経済史にさえ稀《まれ》な財政・構造改革を主導した三人のリーダーを連想した。酒田の豪商本間光丘。光丘の才覚と財力を改革に起用した二人の名君、庄内藩主酒井忠徳と米沢藩主上杉治憲。窮乏にあえぐ藩財政を立て直し、持続的な成長につなげる長期構造改革を成し遂げた。

ふと、高校時代に日本史で教わったことを思い出した。この三人は、まるで申し合わせたように秀でたコミュニケーション能力の持ち主だったと。各々、自分に真っ正直で、民を信じるからこそ煽《あお》り騙《だま》さない、本物のリーダーたる根本条件を備えていたのだろう。

その途端、ひらめいた。立派な公益学を学んでも、人の心を動かせなければ世直しの仕事はできない。そうだ、パワー・スピーチのゼミをさせてもらおうと思いついた。

二日間のゼミの一日目は、学生一人ずつが五分間のスピーチ。その後お互いの批評や自分の反省を率直に話し合い、パワー・スピーチの技法を学ぶ。二日目は、初日の学習を反映して手直ししたスピーチをもう一度。その後、二日間で何を学んだかを話し合う。至極簡単なゼミだが、要はスピーチのテーマにある。「自分が心の底から訴えたいことをテーマに」と、学生に伝えた。

前にも書いたが、パワー・スピーチの技法はいたって簡単だ（四十六頁参照）。が、いくらテクニックを駆使しても、信じてもらえなければパワー・スピーチにならない。信じられるか否かは、自分自身の姿勢で決まる。つねに自分に正直で、絶対無条件に人を信じる姿勢、すなわち「本物のリーダーたる根本条件」だ。パワー・スピーチに挑めば、人間誰にでもあるリーダーシップ精神が開花されるはずだと考えた。しかし、ゼミの前例やモデルなど何もない。大いに不安だった。

参加した六人の大学院生は、その不安をものの見事に吹き飛ばしてくれた。子供の頃から舞台に上がる狂言のこと。人を助け社会を変えるＮＰＯ活動のこと。亭主関白と愛する妻のこと。

女性学を専攻するまでの人生のこと。地域に密接した大学づくりのこと。そして、庄内の発展につなげたい観光のこと。六人六様のテーマは、初日の上手な「プレゼン」から、翌日には涙を誘うパワー・スピーチへと、完璧に生まれ変わっていた。

一人ひとり、心の奥底にあった信念に真っ正面から向き合ってくれた。人前で自分を丸裸にする勇気が、その信念を静寂な存在感のある情熱に変えた。話しながら流れ出す涙に本人が驚き、それでも語り続けるスピーチに、耳と心を傾ける者も泣いた。ある学生は、選んだテーマが心底訴えたいことではなかったと気付き悩んだ過程そのものを語り、大喝采を受けた。

「人間って、たった一日でこれほど変わるものか」と、ゼミを傍聴された黒田学長が驚かれた。一人の学生が言った。「借り物のパーソナリティを脱却することを、これからも実感していきたい」

日本史上数々の本物リーダーを育んだこの地。そこに在る庄内人の魂が、ふたたび脈打つと感じた二日間だった。

「為せば成る　為さねば成らぬ何事も　成らぬは人の為さぬなりけり」（上杉治憲）

（二〇一〇年二月）

国指定史跡庄内藩校致道館の講堂。名君として名高い第7代庄内藩主酒井忠徳公が、長期構造改革の礎として庄内藩の士風刷新と人材育成を目的に創設した（1805年）。忠徳公指令の、各々個人の天性に応じ長所を伸ばして自主性を重んじよという、希有な教育方針で知られる。藩校が成した質実剛健な教育文化の土壌は、今日の庄内地域文化に受け継がれている（写真提供：小林好雄氏）

## 赤い回廊と建国の父

世界経済の軸となる可能性を持つインドに、企業の関心が高まりつつある。インドに限らず、企業の海外進出やグローバル戦略は政治リスクを見極めねばなるまい。そのリスクを考えるとき、インド建国の父ガンジーの心配を想う。

インドの政治史は異民族間の葛藤の歴史。世の偏見に人生の可能性を拘束される少数民族やカーストは、その落とし子だ。根強い差別と同居する経済的格差は、彼らの極貧脱出を拒み、親から子へ、そのまた子へと積もり重なる鬱憤を生み、いつかどこかで爆発しかねない。ガンジーは、多民族国家インドの政治リスクをそこに見た。

だからこそ、ガンジーは、命ある者すべてに優しくと説き、人間は皆平等と教え、非暴力・不服従を独立運動の術としたのだろう。インド・パキスタンの分離を許す独立案にも、ヒンズー対イスラムの宗教差別を安易に正当化するのみと大反対をした。「人民の多様性を美しい和に織りあげて国家の富に」と諭しながら、ヒンズー原理主義者の刺客に倒れた。

『赤い回廊』の草の根で、革命闘士と共に

ガンジーの意を汲んだネルー初代首相は、民族の境界線を各州の境にせぬよう奮闘し、一応成功を得た。しかしガンジーの心配事は立ち消えず、州の分割がさまざまな連邦脱退運動の懐柔手段になってしまった。州の数は民族言語の境界線に沿って倍増し、建国の父の努力は今も風化し続ける。

そして、とうとう「赤い回廊」(Red Corridor)が騒々しくなってきた。インド東海岸を北のネパール国境から亜大陸の南端付近まで、帯のようにのびる地域をそう呼ぶ。日本国土の約四分の一に相当する九万二〇〇〇平方キロの赤い回廊は、反政府武装活動の統治下にあると考えていい。

世銀時代には、赤い回廊内の草の根を歩き回り、ホームステイもしたが、事実カラシニコフ自動小銃を無造作に抱く「革命闘士」に護衛される日々だった。マオイスト（共産党毛沢東主義派）を中心としたさまざまな極左思想活動地下組織の若者たちだった。「私を誰から守っているのかな。そうだ、人民を世銀から守っているのでしょう！」と、軽口をたたいては彼らを困らせ、笑わせた。

彼らの属する活動は、一九六七年、インド北西部、西ベンガル州貧村での土地争いに始まった。インド共産党の極左派が、大地主の権力乱用に泣く農民を庇護《ひご》しようと暴動を起こし、「上流階級が牛耳る政府」打倒を目的とする反政府武装活動へと発展していった。

活動は、インドでも最も貧しい地域、特に根強い差別扱いを受ける先住民族や、カースト制の底辺にある不可触賤民《ふかしょくせんみん》の多い地域を配下に入れつつ、北からビハール、西ベンガル、ジャルカンド、ウッタル・プラデシュ、オリッサ、チャティスガール、アンドラ・プラデシュ各州内の極貧地区を通って南下した。

今日の赤い回廊は、まるでベンガル湾をインドから隔離するかのように見える。インド最南端のタミル・ナードゥ、ケララ、カルナタカ各州の数地区でも勢力を増し、西のアラビア海沿岸にまで到達した。

二〇〇八年八月十五日、シン首相は独立記念日の国勢演説でインドが抱くリスクを真正面から指摘した。「テロ行為と、過激主義、過度な地方自治主義、原理主義が国家の和合と統合に反する大問題となりつつある」。そして、昨年の秋、約五万人のインド軍兵力を動員する「作戦・緑の狩猟」（Operation Green Hunt）が、赤い回廊への攻勢を開始した。

赤い回廊の草の根で「人民を世銀から」守ってくれた若者らは、目を輝かせてガンジーの逸話を語ってくれた。民の敬愛を一身に集め、国家のハートを司《つかさど》ってきた建国の父。ガンジーの生と死の教えは、民族や、カースト、イデオロギーを超越してインド人の心に生き、彼の案じた政治リスクを管理し続けると、信じたい……。

（二〇一〇年六月）

# 一通のメール

インド建国の父マハトマ・ガンジーの非暴力・不服従の政治思想と手法は、世界中の植民地解放、民主化、公民権運動に大影響を与え続ける。ガンジーに倣い、米国の黒人暴動を平穏な公民権運動へと導いたマーティン・ルーサー・キング牧師や、ビルマの非暴力民主化運動を指導するアウンサンスーチー女史、ダライ・ラマ十四世などが広く知られる。

ガンジーが心から敬愛した友で「辺境のガンジー」と呼ばれたカーン・アブドゥル・ガファー・カーン氏もそのひとり。アフガニスタンとパキスタンに主に住むパシュトゥン民族に属する彼は、同族十万人以上を動員し、非暴力・不服従を武器とする組織「神の召し使い」を築いて、印パ独立運動に大貢献を果した。

パシュトゥン族は、世界最大の家父長制民族である。パシュトゥンワリという厳しい掟《おきて》を厳守し、「目には目を」の復讐を必然としたため、恐れられた。古代から武勇に秀でると名高い民族で、ギリシャのアレクサンダー大王を驚嘆させ、アフガニスタンの英植民地化を妨げ、ソ

『辺境のガンジー』カーン・アブドゥル・ガファー・カーン氏

連占領軍撤退の要となった。が、近年はタリバンの汚名を被る。この民族を、非暴力・不服従を武器に和平へと奮起させたのは、超人的な偉業だった。

一九八八年、彼はパキスタンで生涯を閉じ、アフガニスタンに埋葬された。アフガン戦争は停戦となり、数万人の葬列が国境カイバー峠を越えて延々と続いた。しかし、アフガニスタンとパキスタンの民はいまだに和平を知らない。

残酷なテロ事件が頻繁に起こる昨今、両国からそのつどメールが届くようになった。差出人はさまざまだが、皆申し合わせたように同じ一通のメールを転送してくれる。インドのムンバイ市で列車同時爆破テロが起きた二〇〇六年七月十一日、某インド高官がそのメールを転送したのが、始まりだった。

転送され続けるメールは「皆無事でよかった。が、今日の惨事は私たちにもかかわりがある」と始まり、ガンジーを語る。大英帝国からの独立時に起こったヒンズー・イスラム教徒間の暴動を断食で鎮めたガンジーが「差別は祖国はもとより、世界の平和を脅かす」

と諭し続けたと、回想する。

そして、キング牧師にも言及する。一九六三年、獄中の彼が運動停止を促す八人の白人牧師に宛てた手紙を引用している。「ひとつの不公平は、この世すべての公平を脅かす。我らは皆、不可避な相互関係の網にかかり、一枚の宿命の布で結ばれている。何事も一人の人間に直接影響を与えることは、全人類に間接的な影響を及ぼす」

建国の父と牧師に学ぼうと、メールは続ける。「歴史を振り返ってみると、何らかの不公平が国家の不安定を呼び、その不公平の背景には、必ず、延々と続く貧困がある。一国の貧困は全世界の平和を脅かす」

「私は、今まで幾度もこの考えを君たちに話してきた。頭では正しいと信じてきた。しかし、私のハートは、この論理を超現実的だと感じていたらしい。テロの惨事を身近に見た今日、私の頭とハートがつながった」

「だから、初めての自信と切迫感を込めて、ふたたび言う。世界中の貧困と戦わなければ、どの国の平和もただの紙の家。全世界が平和でなければ、どの国の豊かさもまた脆い。貧困と戦う君たちの情熱とプロフェッショナル精神を、今宵、心の底から誇りに思う……」

転送され続けるメールの日付は米国同時テロ突発の日二〇〇一年九月十一日。当日の真夜中近く、ワシントン上空を旋回する戦闘機の騒音を耳にしながら、私が世銀の部下全員に送ったメールだった。
一通のメールを転送し続ける南アジアの人々の想いはひとつ。ガンジーや「辺境のガンジー」のように、民の心を司《つかさど》るリーダーの到来を切に願ってのことだろう。

（二〇一〇年七月）

## ある絞首刑

法務大臣が死刑制度の存廃を問う勉強会の発足に言及したとのニュースに、ある絞首刑のことを想った。一八一一年の出来事だから、日本は鎖国の江戸末期。世界経済の覇権は、産業革命の最盛期を迎えた大英帝国が握り、米国が追い打ちをかけ始めた頃だった。

その年の五月八日正午、カリブ海域に浮かぶ小島群英国領地のバージン諸島で、一人の英国人が絞首刑に処された。二〇〇年経った今日も、島民がこの処刑を忘れることはない。

罪人の名はアーサー・ウィリアム・ホッジ郷士。バージン諸島植民地政府の議員など、数々の要職にあった権力者だった。

ホッジ家は、貴族と姻戚関係を結ぶ英国上流階級の家柄で、バージン諸島最大の農地と多くの奴隷を所有する裕福な農園主だった。一七六三年、長男として島で生まれ育った彼は、名門オックスフォード大学に学んだ。軍人として青年時代を過ごした英国の社交界では、洗練された紳士と評判高く、将来を有望視されたと伝わる。

青年時代のアーサー・ウィリアム・ホッジ郷士

が、その背後には、加虐行為を好む歪んだ性格が潜んでいたらしい。父の死後農園管理のために帰島したホッジ郷士は、奴隷を酷使する農園主として悪名高くなる。虐待が原因で死ぬ奴隷が増え、いさめる人々も傷つき、紆余《うよ》曲折《きょくせつ》の末に告訴された。

裁判では、一人の奴隷をなぶり殺した罪に問われた。当時の世情から言うまでもなく、白人のみの陪審員による裁判だった。判決は有罪。絞首刑を言い渡された。

英国政府はすでに奴隷貿易禁止法を施行してはいたものの、根深い奴隷制度には歯も立たない時代だった。英国奴隷制度廃止法の成立より二十二年前、さらに米国奴隷解放宣言より五十二年も前のことだから、衝撃的な判決だった。英国連邦カリブ海域総督が軍艦を率いて自ら来島し、死刑当日には戒厳令をしいての遂行だった。

奴隷労力で巨大な富を築く上流階級は、絞首刑のニュースに震え上がった。裁判の詳細を本国に報道した新聞記事は、ホッジ郷士の残忍極まる虐待行為をあからさまにし、読者の良心を揺さぶった。四半世紀に渡る活動が実を結ばず低迷していた英国奴隷解放運動にも、拍車がかかった。歴史の舵がゆっくりと、しかし確かに大きく切られ始めた。

記録に残るホッジ被告の無罪申し立ては、当時の世相と主流思考を、鏡のように映し出している。「所有物なる奴隷を所有者が殺すことは、法律上犬を殺すことより重い罪ではない」……。

その絞首刑を語るとき、英領バージン諸島の長老らは、口癖のように言う。「奴隷時代には価値などなかった我ら黒人の命が、ホッジのとき以来、白人と同じ値打ちになった」と。

そして、若者たちには、こう付け加えることを忘れない。「間違えるな。死刑は正気の沙汰ではない。人の命を殺《あや》めることが罪だからこそ、その罪の償いとはいえ、同じく人の命を殺めることは許されない。肌の色が何であれ、たとえホッジであろうとも、命は差別なく尊いのだ」……。

植民地時代の数々の遺跡は、バージン諸島の白蟻とジャングルの餌になった。ホッジ農園とその邸宅も、今は跡形もない。

が、一軒だけ、白蟻とジャングルから守り抜かれ、昔の姿を留める家が残る。この島に住むひとつのきっかけになった我が家は、隣接するホッジ農園から逃れ来る人々を匿《かくま》い、ホッジ郷士の悪行告発に奔走し、裁判では証人台に立った農園主パシア家の人々の住居だった。今でも「パシア邸」と愛《いと》しまれるこの家に、差別を嫌う島民の強く優しい意志を感じる。

バージン諸島に、死刑はない。長老たちは、これからも、子孫に伝え続けていくことであろう。「命は差別なく尊いのだ」と。

（二〇一〇年八月）

## 癌に絆創膏？

ＩＭＦ（国際通貨基金）が日本の財政に懸念を示しだした。七月に公表された年次審査報告書では、消費税率引き上げを含む具体的な財政再建策に言及し始めている。うれしい反面、心配でもある。

ＩＭＦと世界銀行は、合わせてブレトン・ウッズ機関と呼ばれる姉妹機関。米国首都ワシントンの両本部は隣り合わせで、地下通路まで整い、職員の信用組合など共有組織も少なくない。しかし、犬猿の仲とも言われる姉妹である。

喧嘩《けんか》にも良し悪しがあるが、悪いほうが目立つ。ネガティブ・ストーリーを好みすぎる報道界がすぐ飛びつくことから、犬と猿のイメージが定着したのだろう。

両機関は、米国東北部ニューハンプシャー州の山奥にあるリゾート地、ブレトン・ウッズで生まれた。一九四四年の夏、そこで開かれた連合国通貨金融会議で四十五カ国が調印した通称ブレトン・ウッズ協定が、生みの親だ。

マウント・ワシントンホテル（米ニューハンプシャー州、ブレトン・ウッズ）。ここで、IMFと世界銀行を設立した連合国通貨金融会議が開かれた

第二次世界大戦終戦直後に発効した協定の目的は、戦後の世界経済安定化だった。金本位制による為替相場の安定策とともに、世界貿易の自由化振興と、戦後復興・経済開発への金融体制を整えた。その背景には第一次世界大戦後の暗い政治経済史があった。敗戦国が負った大きな代償から、国際金融市場の不安定化、世界大恐慌、保護貿易主義、世界経済ブロック化と、第二次大戦へ連鎖していった歴史の流れを繰り返してはならないという反省が、動機だった。

複雑に見える姉妹機関だが、根本的な役割はいとも簡単。世銀は地域医療診療所で、ＩＭＦは外科医院だと考えればいい。

政治経済の構造的な疾患を放っておくと、国の財政悪化という自覚症状が出る。世銀は、そうならないようにいろいろな疾患を啓発して、予防医療を治療同様に重んじる。早期発見措置や、再発・重症化の防止、リハビリなど、息の長い健康維持を支持する。

しかし、良い政治的リーダーシップに恵まれない国は危機感に欠け、「癌《がん》に絆創膏《ばんそうこう》」的な治療しか施さないのが、世の常。たいてい手遅れ寸前になってから慌ててＩＭＦの救急車を呼び、財政再建のメスが入ることになる。

癌を切除しても、外科医がその原因まで取り除くことはない。「再発予防はどうする」と、ＩＭＦに喧嘩をふっかけては楽しんだものだった。が、仲良し姉妹の楽しさも充分味わった。九〇年代にＩＭＦ緊急融資の介入があった南アジア数カ国での仕事だった。

各国の財政赤字を生んだ構造的な疾患は、汚職だった。なかでも最悪の原因は、電力部門にはびこる組織的な汚職の連鎖反応だった。配電に関する賄賂や、電気料金の組織的なピンはねが、公営電力会社の収入を大幅に減らす。小口消費者は汚職を嫌い、盗電を選び、タダ同然の電気を無駄使いする。電力不足が悪化して停電が頻繁になり、電圧の大振れも日常茶飯事になる。機械類は稼働率低下どころか悪質な電流に壊され、大口消費者は自家発電を選ぶ。収入源が減り続ける電力会社は破産状態。だが、与・野党も官僚も汚職の分け前で潤うが故に、国庫補填での食いつなぎを許す。この悪循環が、財政破綻の最大原因だった。

国民はもちろん周知のこと。電力部門の構造改革抜きで高い税金を強いるような、その場しのぎの財政再建策には、納得しない。世銀とＩＭＦの見分けがつかないと文句さえ出た仕事だったが、「汚職に悩む民を忘れるな！」を合い言葉に、仲良し厳守の真剣勝負だった。

世銀を卒業した日本には、他の先進国同様、外科医ＩＭＦしかいない。財政問題の裏にある構造的な疾患を、しっかり診てくれるかどうかが、心配でたまらない。

ＩＭＦも、政府も、日本国民の賢明さを覚えておくべきだ。「癌に絆創膏」的な財政再建に安心するような国民ではない。

（二〇一〇年九月）

# カリブ古来の踊る屋根

秋といえば台風。北回帰線から南方に広がる常夏のカリブ海域に秋はないが、やはり熱帯低気圧が頻繁に通過するハリケーン・シーズンである。

カリブ諸国のどこかで起きた台風被害がニュースになると、日本から必ずお見舞いの連絡をいただくのもこの季節。「カリブと言っても広いので」と、恐縮する。

カリブ海の総面積は約二七五万平方キロ。中米諸国が西に太平洋を塞《せ》き止め、メキシコのユカタン半島とキューバが北のメキシコ湾と区切りをつける。そこから東回りにハイチ、ドミニカ共和国、プエルトリコ、バージン諸島など、大小さまざまな島国が首飾りのように連なり、南米まで大きく輪を描いてカリブ海を成す。「海」と名のつく水域では世界最大で、日本列島が七つ入っておつりが来る。

カリブの台風は、アフリカ大陸からやって来る。サハラ砂漠を越えて西アフリカ海岸から大西洋に吹き出る貿易風が、Tropical Wave（熱帯波）と呼ばれる大気の波になる。その名の通り、

英国領バージン諸島の本島、トートラ島に、昔の面影を残す「パシア邸」。今は、著者の別宅となっている

海水温度と気象条件がそろうと、まるで波のように次から次へと熱帯低気圧を生み出すから、油断ならない。米国の国立ハリケーン・センターによる予報や衛星画像とにらめっこの日々になる。

山腹から突き出た台地に海を見下して立つ我が家は、貿易風の涼を求めてアフリカの方角に開いている。台風が来たらさぞかしと心配顔の私を、土地の人が笑った。「お宅は、年中涼しくて風害にも強い理想的な地形にあるから」と島民の英知を伝授してくれた。裏山の頂上から二本に分かれて我が家が立つ台地を成し、海へと抜ける谷がある。それが「強風から家を守る風道だ」と教えてくれた。事実、台風が来ると、家の両側を新幹線が通り抜けて行くような轟音《ごうおん》が響く。

立地は理想的でも、家が古い。十八世紀頃から、サトウキビや、海島綿花《かいとうめんか》、熱帯果樹の農園として栄えた地所で、農園主の家だった。奴隷解放で生計が崩れたため手放され、その後復元されたとは言え、それも一〇〇年以上昔のこと。

島民は「古い家こそ嵐に強い」と言う。岩石を石灰で固めた外壁は驚くほど分厚い。外気の熱を遮断するためだが、理由はもうひとつあると教わった。「暴風雨にびくともしない」造りなのだ。

日本の古民家を連想させる設備もある。窓と扉には、それぞれ外側に開く頑丈なチーク材の雨戸が備わり、暴風雨から屋内を守る。雨戸に縁側はつきものなのか、貿易風側には回廊が廻《めぐ》らされ、雨戸の隙間から横殴りに入り込む雨が部屋をぬらすことはない。

普段はもちろん、雨戸も窓も開け放ち、貿易風を招き入れる。扉は板戸の下半分が地面に熱された風を遮断し、鎧《よろい》窓の上半分が涼風だけを取る。回廊がその風をさらに冷やし、それでも入る熱気があれば高い天井に逃げる。凪《なぎ》のときでもそよ風が屋内の風路を渡り、西日を遮る裏山へと抜けて行く。冷房知らずの昔も今も快適で、日が落ちると、肌寒くさえ感じる。

島人は、カリブ古来の「踊る屋根」のことも教えてくれた。屋根と石壁の継ぎ手は、鉄の木と呼ばれる堅い熱帯樹でできている。鉄の木二本が、仕口の関節で人の腕のように伸び曲がりする仕掛けになっている。暴風に逆らわず、風を友に踊る屋根なのだ。心細いが、大型台風に直撃されても「踊る屋根は風神に捧げる生け贄となり、家を救ってくれる」そうだ。

家屋が守る文明の英知。これもまた、最近重要視されつつある持続的成長の一面であろう。人間の幸せにつながると、つくづく思う。

田舎育ちの上、島の暮らしに慣れたせいか、帰国するたび息苦しく感じることが頻繁になった。コンクリートのジャングルに化けてしまった母国の都会生活には、もうどうしてもなじめない。

（二〇一〇年十月）

# 長元坊の不安

映画『ドリトル先生不思議な旅』といえば、懐かしく思う読者もおられよう。ひょんなことから動物語を話すようになった医者兼博物学者とさまざまな鳥や動物が、お互いを助け合いながら旅する冒険談。原作は米国の児童文学シリーズだが、動物の言葉がわかるのは童話の中だけではないようだ。

英領バージン諸島に来て間もなくのある日、ギャーギャーけたたましい鳴き声を聞いた。驚いて庭に飛び出して見ると、鳥が二羽、木によじ登る猫の頭上で大騒ぎをしていた。巣に雛鳥がいるのだろう。思わず大声をあげながら駆け寄って、猫を追い払った。

アメリカ長元坊《ちょうげんぼう》のつがいが、大きな目をくりくりさせて見下ろしていた。「もう大丈夫。また来たら教えてね」と言って、鳥に、それも日本語で話しかけている自分がおかしくて、笑った。と、ありがとうとでも言うのだろうか、頭を上下に降りながら、鈴の音のような甘い鳴き声を返してくれた。

著者の『庭の主』になった長元坊。ユーカリの大木にある巣穴からのぞく雛たちを見守る雄鳥

アメリカ長元坊（学名 Falco sparverius）は、北米から南米大陸にかけて広く住むハヤブサの一種。大陸では渡り鳥だが、カリブ海の島々には定住している。体長二十五センチ前後、翼幅五十〜六十センチほどで、ハヤブサ科では最も小さい。目の上下に黒い縦縞が入り、白や、黒、灰色、薄茶色が混ざった体に、雌は赤褐色、雄は青磁色が翼に光る美しい鳥だ。

猫事件からしばらくして庭仕事をしていたら、あの甘い鳴き声がした。手が届きそうな木枝に長元坊の雛が三羽、親鳥と並んでちんまり座っていた。母親が私を見て鈴の音を鳴らし、雛を見てまた鳴く。まるで「この人は私たちの味方よ」と、紹介してくれているようだった。思わず「あら可愛い赤ちゃん。はじめまして」とお辞儀をして、また笑ってしまった。

長元坊は、我が家の庭の主になった。猫や犬が侵入してくると、私が家のどこにいるのか知っているらしく、最寄りの木に飛んで来ては追っ払ってと騒ぐ。猫と犬では鳴き声が違い、猫は「ネコネコ」、犬は「ワンワン」と聞こえるから不思議だ。

猫でも犬でもない叫び声を聞いて、何事かと夫と二人書斎を飛び出したこともあった。雄鳥が、まるで「僕についておいで」とでも言うように、私の胸をかすめて飛んで行く。つがいがそろって騒ぎ立てている木の下を探すと、蛇がとぐろを巻いていた。蛇の始末をしてくれた夫が「また語彙が増えたね」と笑った。梢《こずえ》から一部始終を観察していた長元坊が、チリチリ鈴の音を鳴らしてくれた。

しかし、侵入者が人間のときは鳴き声などたてず、空から急降下の脅しにかかる。初めて目撃したのは新参の庭師と打ち合わせの最中で、彼の頭を襲い、帽子を蹴飛ばした。さすが爪はたてないが、一度で済む脅しではない。怖がる庭師の手をとり長元坊に紹介して、やっと治まった。以来、家に初めて来る人はまず長元坊に紹介し、きちんと挨拶をしてもらう。

初夏、雛がかえると、長元坊夫妻は餌探しに忙しい。親が狩猟に出ている間、雛鳥は鳴き声もたてずに隠れ待つ。が、夕涼みにテラスに出ると、待ってましたとばかり飛び降りて来て、遊びほうける。親鳥も心得たもので、子守りがつく時間帯は自分の腹を満たすのだろう、なかなか帰って来ない。子守りの出勤が少しでも遅れると、キリキリと鳴いて催促に来る。

気候変動のせいか、その子守りの時期が、毎年十日ほど早くなってきている。この数年は、子育てを終えた長元坊夫妻の様子がおかしい。長時間微動もせず、海の彼方を見据えているのだ。一緒に海を見ていると、病む地球を感知する夫妻の不安が、ひしひしと伝わってくるような気がする。

島の長元坊が渡り鳥の昔に戻る日は、そう遠くはないのだろう。そのとき、我ら人間は何処に……。

（二〇一〇年十一月）

# 心をこめて

年賀状を出さなくなってから、人生の大半が過ぎてしまった。奨学金と時給一ドルの皿洗いでぎりぎりの生活だった留学生時代からのこと。カードの代金どころか、米国から日本までの郵便代が、ばかにならなかった。

習慣とはおそろしいもので、社会人になってからもそのまま失礼を続けている。毎年この季節になると、なんとなく肩身の狭い思いをしていた。が、英領バージン諸島に住むようになって、罪の意識が消え去った。

この島国には、ひとつの礼儀がある。朝なら当然「おはようございます」から始めて「ご機嫌いかがですか」と続け、肝心なのはその次。しばらく世間話をしなければならない。散歩や、買い物、郵便局と、いつどこに出かけても、見知らぬ人でも友人でも、出会う人には差別なしの礼儀である。

話の種は何でもいいし、一分とかからない会話で結構なのだが、ただ、目と目を合わせて、心をこめて、世間話をすること。易しそうだが、意外と難しい。怠れば、礼儀知らずのよそ者になり下がってしまう。

この島の人は、電気、ガス、水道、電話料金などの支払いに、自動振り込みの使用を嫌い、毎度わざわざ払いに出かける。もちろん、列をなす人々の間でも、支払い窓口でも、世間話に花が咲く。どんなに待ち時間が長くても、文句を言う人などいない。

初めてのとき、新顔の戸惑いを察したのだろう。「どこのお国の人かね」と話しかけてきた老人が、「日本人は、我ら同様、礼儀を重んじるそうだな」と、丁寧に島の礼儀を教えてくれた。「顔を合わせにゃ話にならん。目を見て話さにゃ心が伝わらん。電話一本、紙一枚では足りんのじゃ。信頼感が伝わらんからかのう……」

車検のとき。今朝はいい海風ですねと世間話を始めたら、運転免許証を見た検査官が、誕生日が同じだと喜ぶ。あれまあと、星座のことや同月生まれのマーティン・ルーサー・キングのことなど、話が弾んだ。さて車検だと車をじろりとにらみ、はいオッケー。検査なしですかと問うのは野暮。あら、ありがとう、整備はきちんとしていますからと、礼を言う。「お互い信頼しあっていくことが、この小さな島国の和平につながるのだよ」と、検査官が微笑んだ。

その車を運転していても礼儀は欠かせない。脇道から本道入りを待つ車や、右折を待つ対向車があれば、こちらに優先権があっても車を止める。「どうぞお先に」、「あら、ありがとう」

と目と目を合わせ、短い手話に心をこめる。歩道に知人でも見つけたら、どこであろうと車を止めて「お乗りなさいな」から世間話。長引きすぎて渋滞になっても、いらいら警笛を鳴らす車はない。さすが、対向車線に知人の車を見つけた場合の急停車は御法度だが、警笛はそのときのためだ。世間話の代わりにピッピと短く鳴らす。

スイスの友人が遊びに来たときのこと。飛行機は随分前に着いたのに、なかなか到着ロビーに現れない。案の定、小さな島国だからこそ厳しい税関に、ひっかかった。我が家へのプレゼントの包装を解け解かないで、押し問答になったそう。お国柄頑固な友に呆れ返った税関員が「いったい君はどこに泊まるのかね」。返事を聞いた途端、役人の態度が一転した。「ああ、背の高い英国人と日本人の奥さんの家だね。なに迎えに来ている？　なぜそれを先に言わんのだ。もたもたせず早く行きなさい！」君たちは有名人だと唸《うな》る友に、世間話のおかげよと笑った。「紙一枚では足りんのじゃ」と言ったあの老人の教えの通り、一枚の年賀状にさえ心を託すのは難しい。だからか、師走の声を聞くと、今は亡き父を想う。お年始回りの客人を迎えるとき、心の底からうれしそうだった父の笑顔を……。

（二〇一〇年十二月）

## この夢を正夢に

Think out of the box. 型にはまらず考えろと訳すのだろう、坂本光司著『日本でいちばん大切にしたい会社』（あさ出版、二〇〇八年）を読んだとき、頭に浮かんだ言葉だ。雷龍王四世（ブータンの先代国王）に初めて謁見を賜ったときも、そうだった。

坂本氏が著書で紹介する中小企業の全社に、長期間ブレなく続く経営理念が光る。アジアの小国ブータンが、四十年近く実践してきた国民総幸福量という名の政治哲学と、まったく同じ理念だ。

どちらも幸福追求を最高使命とする。持続的成長はそのための重要な手段であり、またその結果でもあると説く。坂本氏の言葉を借りれば「企業経営の第一義は、社員とその家族の幸福を追求し、実現することです。社員と、その社員が最も大切にしている家族を路頭に迷わせてはいけないのです。だからこそ、継続させなければならないのです」。「社員とその家族」を「国民」に置き換えれば、国民総幸福量の思考と一致する。

「日本でいちばん大切にしたい会社」は、それぞれ業種は違っても、幸福追求の経営を一心本気で続け、驚くほど長期に渡って増収と増益を果たし、ダイナミックな発展をしている。

ほとんどが地方の決して便利とは言えない立地条件にあるが、それを不利とせぬどころか、地域社会とのつながりを宝とし、その文化と、歴史、自然環境の恵みを事業の糧としてきた。障害者や、高齢者、女性など、主流社会から置き去りにされがちな人々を雇い、または顧客として、慈しんでさえいる。全国から驚くほど多数の優秀な人材が入社を切望し、応募してくる。幸せな社員の言動が成す社風と業績は、顧客や株主はもとより、視察に訪れる人々の魂を揺さぶる。

ブータンも、幸福追求の政治哲学を一心本気で続け、高度成長とダイナミックな発展を持続してきた。ヒマラヤの秘境と呼ばれ、道路や電気、貨幣さえない物々交換の自給自足経済が、たった一世代で近代市場経済に変貌した。その開発戦略は「幸せへの鍵は、人間が必要とするある程度の消費満足と、非物的満足感、特に情緒や、感情、精神的な満足にある」からと、物的な次元と非物的な次元のバランスを保つ中道に位置づけられている。ブータンのリーダーたちは「自然環境、精神的な文明、文化伝統、歴史遺産等を破壊し、そのうえ家族や友人、地域社会の絆までをも犠牲にする類の非持続的成長は、人間が住む国の成長ではない」と、断言する。

『日本でいちばん大切にしたい会社』の一社、伊那食品工業本社で。幸せな笑顔の社員に囲まれ、顧客と電話中の通信販売担当社員の肩を抱く（写真提供：伊那食品工業株式会社）

二〇〇五年の国勢調査では、国民の九七パーセントが「幸せだ」と答えて世界を驚かせたが、そう感じるのは国民だけではない。外国人観光客も、古来の姿をとどめつつ日常生活に生き続ける大自然や、宗教、建築様式、民族衣装、工芸技術などに、国籍を超越した心の故郷を感じるのだろう。幸福追求の礎にと自然環境と無形・有形文化財を重んじる国政は、不可能とまで言われた観光立国さえ成し遂げた。

「日本でいちばん大切にしたい会社」は、CSR（企業の社会的責任）を世に先駆けて実践したと言えよう。CSRは、国家経済の持続的成長ミクロ版で、構造的な基礎でもある。国民総幸福量はその持続的成長思考の先駆けと言えるから、「日本でいちばん大切にしたい会社」とブータンが似ているのは、偶然ではない。

「日本でいちばん大切にしたい会社」の経営理念でも、国民総幸福量の政治哲学でも、それを為して成すのは経営の品質、すなわちリーダーシップとマネジメントの品質に尽きる。会社でも国でも、一心本気でブレのないリーダーがあってこそ、幸せを可能にする成長が実現する。

元旦に「日本でいちばん大切にしたい会社」が民間企業の過半数になった夢を見た。この夢を正夢にしたい。型にはまることなく、一心本気で大切にしたい。

（二〇一一年一月）

## アジアの秘境

英国人の夫は、お国柄旅好きだが、結婚三十余年間、バカンスには決して日本を選ぼうとしなかった。首都圏と京都、奈良くらいしか知らないのだから無理もないが、「人混みに酔う。わざわざ疲れに行くようなものだ」と嫌っていた。

一カ所に長逗留《ながとうりゅう》し、ゆっくり休養をとるのを好むからなおさらのこと。訪問先の歴史や、食文化、自然を楽しみ、良い宿があればそのサービスを満喫し、なければないで家を借りる。気に入った所を見つけると、幾度訪れても飽きることを知らない。ちなみに、英国領バージン諸島が第二の故郷になったのも、そのおかげである。あちこち忙しく巡る日本流の観光とはまったく違うバカンスの過ごし方だが、夫が特別変わっているわけではなく、欧米では珍しくもない。

そんな夫の見解が、最近がらりと変わった。私が仕事で通うようになった山形県庄内地方に同行して以来のこと。「静寂な日本もあるのだ！　人が優しいし、食事も酒も美味い。庄内の生活には歴史に培われた郷土文化が生きている」と、いたく感動したらしい。

たった数日の訪問ですっかり庄内びいきになった夫の様子に、観光立国の戦略は人口密度だと気付いた。地方の過疎化を「静寂化」に置き換えれば、負が正になる。欧米型バカンスを好む外国人観光客の人口は少なくない上に、景気に左右されにくい高所得者が多い。国際競争が厳しい観光部門では勝負の鍵と言われるリピーター（常連客）になる可能性も高い。地域経済活性化に役立つはずと思いついた。

という訳で、国土交通省観光庁による観光立国実現へのマスタープラン「観光立国推進基本計画」（平成十九年六月閣議決定）を読んでみた。がっかりした。

『不思議の国のアリス』の一編にある、チェシャ猫とアリスの会話を連想した。別れ道にさしかかったアリスが、木の枝に座るチェシャ猫を見つけて「どちらの道をとればいいの」と尋ねた。「どこへ行きたいのかね」と聞き返され「知らないわ」と答えたアリスに、猫は言った。「それなら、どっちでもいいのさ。どこに行くのか知らないのなら、どの道でも行き先に連れて行ってくれる……」

日本をどういう観光国にしたいのかが、さっぱりわからない。ビジョンがないから、戦略がない。戦略がないから、作戦などあるはずもない。それなのに観光立国のために成すべきことは満載されている。その良し悪しの判断など、業界の専門知識を持たない私には無理だが、

月山が見下ろす庄内平野の秋の稔り（写真提供：小林好雄氏）

Wish List（理由なくほしい物の願い事リスト）にすぎないと感じた。

中央集権型政府の悲しさか、地方経済活性化に関しての配慮がない。役人仕事の常なのか、観光客の目線から問題を考えていないのも気に食わない。もちろん夫のような外国人の目線など皆無である。

もともと観光立国へのリーダーシップを政府に期待するのが間違いなのだろう。それよりも、庄内の民間企業が欧米型観光客の誘引を目標に力を合わせ、戦略的に動くのがいちばんだ。素晴らしい成果が実る予感がする。

美しい自然や郷土文化を宝と誇る地域は、庄内だけではない。その成功は日本各地に飛び火するはず。地域ごとの特徴が観光の品質を大きく変えるのだから、地域間の戦略的パートナーシップも可能だろう。たとえば今年は庄内、来年は和歌山、再来年は大分などと、日本全国地方巡りのリピーターさえ期待できる。本物の観光立国が始まるに違いないと、夢が膨らむ。

バカンスを企画する夫の楽しみは、目的地の調査に始まる。が、庄内に関する英語の情報はあまりにも少なすぎる。「これでは宝の持ち腐れ」と嘆く私を、夫がにやりと笑って諭した。「つまり、庄内はアジアの秘境ということだ。おもしろい！」

（二〇一一年二月）

## 無言のストライキ

「日本女性は諦めていますが、ストライキは継続しています」。ある愛読者からのメールに、心臓がコトリと鳴った。

「男の人たちの認識の低さから、結婚しなかったり、結婚しても子供を産まなかったり、子供を一人しか生まなかったりと、いろいろ無言の抵抗をしているのです。出生率の低下は、日本女性の無言のストライキなのです……」

教育は男女平等なのにその後の差別に納得できず、日本脱出の安易な道を選んだ私は、卑怯者。差別や偏見の中にとどまる日本女性に対して、肩身の狭い想いを抱いてきた。が、自分も「無言のストライキ」に似通う態だったのかと、肩の荷が少し軽くなった。

そんな私に母国の女性問題を語る資格はないが、あえて言おう。女性の社会進出に経済活性化を求める企業や国家政策も、同問題に深くかかわる少子化対策も、女性に焦点を当てている。大間違いだ。

たとえばワーク・ライフ・バランス。家庭の外で働く女性の課題だと思われがちだが、とんでもない。仕事と家庭の両立は、夫婦と親子がそろって共有する夢だ。高齢者介護が必要な家庭なら三世代が共有する。家族の問題として捉えなければ総括的な対応にならないから、良い効果は期待できない。

具体例をふたつあげてみよう。

ひとつは、少子化対策にも通じる出産・子育て休暇の制度。父親の休暇も可能になりつつあるが、母親を中心に整えられている制度だと言っていい。その目線を家族に移し、特に幼児の目線を尊重して考えると、どうなるだろう。

制度の目的は次世代の心身共に健全な成長。それに親子のスキンシップは不可欠だ。幼児にとっては、父親と母親のどちらも欠かせない。故に、制度上の男女の違いは、出産に関する母体のケアに限られる。出産・子育て休暇制度は、お産とその前後の医療ケアなどにかかる時期以外、男女平等にするのが道理にかなう。

日本でこの話をするたび「無茶なことを！」と笑われる。しかし海外では、その男女平等が現実化している。事実、アイスランドやスウェーデンでは、法律上、有給無給にかかわらず男女差がないよう定められている。

法律がどうあれ、欧米諸国の先進的な企業は、出産・子育て休暇という概念を脱却して家族休暇（Family Leave）とし、いろいろ工夫をこらした男女平等な制度を実施している。若い世代の優秀な人材を誘致する力を会社につけてくれると、知るからだ。

もうひとつの例は保育所。不足が甚だしく、女性の社会復帰への障害とされている。間違いではないが、問題の的を射ていない。核心は企業。男がつくった組織文化の認識不足で、女性ではない。

某大企業の人事担当取締役に相談を受けたときのこと。女性社員を増やしたいが、産後の職場復帰がネックだと言う。社内に保育所をと勧めたら、まだ女性社員が少なすぎるとの返事。呆れた。

家族の安心は社員の安心、仕事の能率に深くかかわると知る企業の人事は、必ず社員とその家族を焦点に据える。安心して幼児を預けることができる保育所は共働き夫婦双方のニーズと捉え、たとえ女性社員が少なくても若い男性社員に潜在する需要を見極める。男女を問わず子育て世代の社員が利用できる保育所を設置し、優秀な人材の確保と女性社員の増加に役立たせているのだ。

たったふたつの例だが、「無言のストライキ」あって然りと思うに足りる。

企業の人事も国の政策も、男女双方の観点を融合して、家族を単位に考え直さなければならない。それが実のある少子化対策につながるのはもちろんのこと。税金控除や、子ども手当、出産時助成金などのばらまきだけでたやすく解決できる社会問題ではない。

（二〇一一年三月）

## さかさま視点

国際ニュースはBBC（英国放送協会）でと決めている。イギリスびいきではない。グローバル視点の報道が、的確な情報とローカル視点に根差しているからだ。特に東日本大震災のような緊急事に、威力を発揮する。

地震、洪水、旱魃《かんばつ》、クーデター、テロ、戦争と、南アジア（アフガニスタン、インド、パキスタン、バングラデシュなど）は緊急事態が頻繁な地域で、世界銀行の仕事をいろいろな国の報道陣と共にする機会が多かった。本社から派遣される海外特派員は、どの放送局でも優秀な人材がそろう。BBCの違いは、stringersと呼ばれる現地採用通信員に逸材が多いことだった。が、それだけでは秀でた国際報道にはならない。

BBCが群を抜く理由は、海外特派員と現地通信員の「さかさま視点」にあった。特派員の比較優位はグローバル視点で、通信員のそれはローカル視点。そして、お互いに相手の目線を通じて自分の仕事を観る「さかさま視点」が、仕事の流儀に定着していた。

非常勤でも正規でも、現地採用通信員の仕事意識や忠誠心は、本社の人間と同一だった。報道ビジョンと価値観の共有も一目瞭然、誇りを持って仕事をしていた。

その背景には、チームワークを通じて異質な視点を組織的に融合しようとするたいへんな努力の積み重ねがあった。グローバル化の本質を知り抜き、組織に反映させているからこそそのこと、世銀を草の根に近づける組織改革に多大なヒントを与えてくれた。「現場の知識が先導して世界最先端の知識を誘致したい。顧客目線に添う草の根の行動を世界規模で考えたい」と夢見る世銀職員にとって、ＢＢＣはロールモデルだった。

そのＢＢＣでリビア内紛のニュースを見ていたときのこと。国連の記者会見になり、現地事務所で働く国連職員の身の安全について質問が出た。国連担当官が「職員は全員無事。すでに撤退済みです。もちろん現地採用は別ですが」と返答。二〇〇一年九月十一日、米国同時多発テロの当日、部下に「さかさま視点を忘れたか」と意見されたことを思い出した。

米国のアフガン侵攻を予期し、周辺国への出張禁止を決めたときだった。当時、隣国パキスタンの首都イスラマバードには、約一〇〇人の職員が働く事務所があった。「現地採用の同僚を差別するのか」と叱られ、赤面。蒼くなって謝り、叱られてうれしいと泣くボスを、部下は笑って許してくれた。

最悪事態を想定するからこそ、パキスタン事務所の機能を国外ででも持続せねばならない。

世界銀行パキスタン事務所の職員と家族と共にくつろぐ

事務所撤退計画の作成業務を買って出た職員たちに、撤退命令直後速やかに動きだし、二十四時間以内に完了する計画をと、頼んだ。内心、不可能に近いと案じたが、現地事務所とワシントン本部の職員が情熱をひとつにして、あっと言う間に素晴らしい計画を作ってくれた。

パキスタンに近く、文化的にも職員と扶養家族が生活しやすいドバイが、避難国に選ばれていた。ドバイ政府の合意はもとより、即時入居が可能な貸しビルや職員住宅候補も整っていた。航空機のチャーターと使用空港の手続きも、私の署名を残すのみ。深夜停電下の上、電話も幹線道路も不通な状況での撤退を想定し、連絡手段、避難ルート、交通手段の選択肢など、行き届いた計画だった。

幸い、使わずに済んだ撤退計画だった。が、パキスタンはもとより、南アジア全地域の現地事務所と本部職員の距離を消し去ってくれた。「さかさま視点」のチーム精神も、ＢＢＣの仕事ぶりに似通うと感じるまでに成長した。
　人と金を世界中にばらまくだけでグローバル化は成らない。東日本大震災の情報も、ＮＨＫよりＢＢＣに頼った。一日二十四時間、迅速かつ信頼おける報道に、「さかさま視点」健在と頭が下がる。

（二〇一一年六月）

# 火星人と同時通訳の涙

グローバル人材養成とやらの講師に誘われることが増えた。大抵の目的は「世界に通用する人材」の育成。「まずは、言葉の問題でしょう。私は火星人なので……」と躊躇しては、変な顔をされる。

海外では、知識階層が多国語を操るのは当たり前。だから、世界銀行では苦労した。私は、十七歳で渡米して以来、英語圏で暮らしてきた。しかし、多国語どころか、英語も日本語も中途半端な、自称「火星人」なのである。

留学前に両親と交わした約束事のひとつが、日本語を忘れないことだった。特に母は言葉遣いに厳しく、英語と日本語のチャンポンなど、もってのほか。母を悲しませては罰が当たると、余暇の読書は日本語のみに決めた。手に入る和書なら何でも読み漁り、それがまた結構楽しくて、今日まで一貫して続けている。

おかげで日本語を忘れることはなかったが、英語の読書力はつかずじまい。和書は斜めに速読できても、英語ではそうはいかない。英語の語彙も決して豊富とは言えず、発音が似通っている単語をとり違えては、夫に「マラプロップ夫人！」と笑われている（シェリダン作喜劇『The Rivals』に登場するマラプロップ夫人は、たいそう滑稽な誤用語使いの名人で、英文法の malapropism は、彼女の名に由来する）。

読みと書きは同一能力ではないらしく、書く方は逆に日本語があやしい。世界銀行を退職するまでは、手紙以外、日本語を書くことがなかった。書かないから字が下手になり、恥ずかしくてなおさら書かないようになる悪循環が起きた。知っている漢字や言い回しでも、いざ書くとなると自信喪失。英語ならすらすら書ける文章が、日本語では辞書と首っ引きになってしまう。この原稿も、パソコンのソフトなしには無理だろう。

なぜか聞く能力には日本語と英語の差がないが、時々どちらを聞いているのかわからなくなる。言語や論理的な思考を司《つかさど》るのは左脳で、右脳は映像やイメージなどの芸術的な役割を持つそうだ。しかし、漢字がある日本語は、左右両方を使うらしい。太平洋を横断した後の数日間は、脳が混線しているような感覚があり、頭の中央が熱くなって、軽い頭痛さえ覚える。

いちばんの苦労は話すこと。曲線的で曖昧さが美しい日本語とは反対に、英語は直線理論的な言語だ。表現に上品と下品、丁寧と乱暴の違いはあるが、尊敬語や丁寧語、謙譲語はない。そのうえ、うれしいことに言葉の性別も皆無だから、どうしても英語が勝ってしまう。

英語なら相手が誰であろうと意見を率直に伝えやすい。情熱や怒りのような感情も、理に適うように表現しやすく、気持ちのいい喧嘩《けんか》が可能になる。ハートに訴えるスピーチさえも、随分と楽になる。つまり、英語で話すほうが好きなのだから、日本語での苦労は自業自得であろう。

仕事の性格上、昔から講演の機会が多い。英語ならテーマやメッセージを決め、スピーチの構成を組むだけの準備だが、日本語ではそうはいかない。一言一句、事前にすべてを書き上げなければ安心できないのだから、恥ずかしい。

最近、ようやく日常会話だけは火星人卒業だと感じていたが、とんでもない。銀座の和装店をひやかしていたとき、年配の店員がさも感心したように言った。「お客さま、日本語がお上手でいらっしゃいますね!」言語は進化する。私の口語は高校生時代のままだから、外国人と間違われて当然だろう。しかし、かなり落ち込んだ。

そんなとき、留学生が多い某大学院に英語での講演を依頼された。講演後「同時通訳が涙声だった」との知らせに驚いて、一念発起につながった。いつの日か、日本語の講演で同時通訳に泣いてもらう。グローバル人材にはほど遠くても、その日が火星人卒業の日だ。

(二〇一一年十一月)

## 戦略・双子の異端児

昨年正月の本稿に「この夢を正夢に」と題して、初夢のことを書いた（一五九頁）。我が国の民間企業の過半数が、人間の幸せを、各々の最高使命としている夢である。社員とその家族はもとより、下請け会社など関連する全企業の社員と家族、会社が属する地域社会の住民、顧客、そして株主……。企業がかかわるすべての人々の幸福を追求する経営理念……。

その理念をブレなく実行し、増収増益を果たしながらダイナミックな発展を続ける会社。つまり、坂本光司著『日本でいちばん大切にしたい会社』に紹介されているような企業が、今の異端児的な存在から世の主流となった夢だった。

母国の未来に憂いを覚えて久しいからこそ見た夢だろう。世界史はこう教える。為政者に幸福追求を妨げられる人民は、いつか必ず国家の不安定を招くと。諸々の不安を抱く同胞が、政治不信のクレバスにはまってしまった状態に、長年危機感を募らしてきた。

政治改革は絶対必須とはいえ、歳月がかかる。しかし、世界史はこうも教える。世のため人のためと動く事業は民間主導で起こり、政治と行政は後から追いかけてくるのが常だと。頼みの綱は民間のリーダーシップだ。我が国の憲法（第三章十三条）が、生命と自由と並べて「国民の権利」と謳《うた》う幸福追求。それを可能にしようと動く経営理念の主流化に、母国安泰への長期戦略的な意味を見る。

「日本でいちばん大切にしたい会社」の経営理念は、最近注目され始めたブータンの政治哲学「国民総幸福量」と、まったく同じ思考である。違いは、対象が企業か国かのみ。どちらも異端の思考だが、まるで一卵性双生児なのだ。

国民総幸福量は、国家存続の意義を国民への責任として捉える。民を路頭に迷わせてはならない。だから持続的な発展を本気で考える。国家不安定の根源が不幸な民なら、幸福を国づくりの最高目的と置くのは当たり前。故に、経済成長は目的ではなく幸福追求の重要手段と位置づけ、政治は国民の幸福追求を妨げる公的な障害を取り除く仕事と考える。国民総幸福量は、すなわち、ブータンの国家安全保障戦略である。インドと中国に挟まれた小さな国が編み出した「戦」を「略」す戦略なのだ。

幸福追求の経営理念も、会社が存続する意義を社員への責任として捉える。社員とその家族を路頭に迷わせてはならない。だからこそ持続的な発展を本気で考える。社員の幸せ感が会社の為すことを際立たせ、その価値観が会社にかかわる人々にカネやモノ以上の感動を与え、無敵な競争力をつける。故に、幸福を企業の最高目的とするのは当たり前。成長はそのための重要手段であり目的ではない。類あっても比のない会社づくりで生き残るという、「戦」を「略」すビジネス戦略なのだ。

「この夢を正夢に」と歩みだした一年間、異床同夢の方々から貴重なご縁を頂戴した。想像を絶する大勢の同胞が、幸せを追求する職場を夢見ると知った。そして、その夢をかなえる「いい会社」の支援を使命とする投信委託会社、鎌倉投信の創業を知り、涙した。

成す術はなくても、夢を見るのはいいものだ。おかしな夢を追う人だと笑われることが多く、それが却って夢を膨らます糧となる。十五年前、世界銀行の仕事で国民総幸福量を知り、深い共感を覚えて国際援助界に紹介し始めたときもそうだった。それでも君は経済学者かと笑われては、近代経済学の主流思考を批判し続けた。「カネやモノの増加と幸せは必ずしも直結しないとわかっているのに、それを真っ正面から受け止めようとしない理論体系こそ間違っている」と……。

国民総幸福量という異端児が国際的に受け入れられつつある今、もう笑われることなどない。双子の異端児、幸福追求経営理念の主流化も、もはや時間の問題だ。

（二〇一二年一月）

# 未来をつくるのは私たち

組織の最高責任者として絶対に心得ておくべきことは何かと、最近世界各国でよく聞かれる。「Sensing the future──未来を感知すること。論理のみに頼らず、五体六感で未来を感じ取ることです」と、答えている。

時々「無茶を言う人だ」と笑われる。そう言う人に限って、感知どころか丸見えの未来にさえ、備えようともしない。とりわけ、男女雇用格差への無関心にその無茶を見るときは、意地悪承知で「無茶はどちら?」と笑い返す。

数年前ゴールドマン・サックスが公開した論文を読んでからは、大いばりでその意地悪を繰り返している。日欧米諸国の男女雇用格差がマクロ経済に及ぼす影響を分析した論文で、男女格差の解消を仮定し、各国GDPを推計している。日本のGDPは推計国最高の一六パーセント増えるとある。(Gender Inequality, Growth and Global Aging〔男女不平等・成長と世界的な高齢化〕GS Global Economics Paper No:154　二〇〇七年)

強いて経済学的に言えば、人材の流動性が構造的に抑圧されて、国家経済の労働生産性を低めているのだ。少々乱暴だが、論文の結果を二〇一〇年度の日本のGDP（約四八〇兆円）にあてはめてみると、男女格差がなければ約七十七兆円の増額となる。膨大な無駄だ。

初めてこの論文を読んだときの走り書きに、こうある。「同じ無駄なら大きいほうがいい！人口減少と高齢化の二重課題を抱える今、経済界が女性を放っておくはずがない。組織づくりは人づくり、時間がかかる。未来を見据え、先取りしようと動く企業が勝つのは目に見えている。女性社員を増やせ育成せよと、やっきになるはず。大和撫子《やまとなでしこ》の未来は明るい！」

事実、女性社員を増やしたいと相談を受ける機会が多くなった。喜んで世界銀行での体験を交えながら、いろいろ助言している。

よく耳にする問題は「女性が応募してくれない」こと。探せばいるはずだが「技術系の女性が少ない」という文句も多い。そういう会社の人事部局には、必ずと言っていいほど女性社員がいない。男性中心の組織文化が見え見えなら、女性の応募者が二の足を踏む。悪循環が生じるのは当たり前だ。

この悪循環を破るのはたやすい。ただし、企業のトップにやる気があればのこと……。そのリトマス試験に、まずは人事担当取締役に女性をと、勧める。返答は決まって「生え抜きの人材がない」。外部からはと聞くと「日本に適材はない」。もしそうなら海外で働く日本女性を発掘すればいいのだが、至極消極的になるのが落ちだ。本気で女性社員がほしいのかと呆れては、世銀でも時間がかかったと思い直している。

今では想像もつかないが、世銀も我が国同様、男性文化横行の組織だった。新任の総裁が「顧客も株主も過半数が女性。その女性の観点を欠く世銀は、いつか必ず駄目になる」と動き、女性の人事担当副総裁を任命して、やっと変わり始めた。彼女は米国に帰化した同胞で、お互い意気投合。仕事を共にしながらいろいろ教わった。

女性を一気に増やす秘訣はふたつ。その一は、応募を待たず、女性を積極的に探し応募を勧誘すること。組織のトップが直々動けば効果てきめん乞うご期待！　その二は、採用審査の全過程を男女半々の審査員で行うこと。無意識差別は、無意識だからこそ恐い。対象が同性と異性では評価に大差が出ると、心理学が実証済みだ。女性の採用過半数など、夢ではない。

企業のトップが本気で悩めば、問題はそれで九九パーセント解決するものなのだ。未来を感知するからこそ抱く危機感の結果であろう。

明日は桃の節句。親なら誰でも願うだろう。我が子が天性の能力と自主性を伸ばし、可能性を思う存分発揮できる未来をと。

その未来をつくる責任は、誰にでもない、私たち一人ひとりにある。

（二〇一二年三月）

# 東日本大震災を受けて

# 我が国の宝

　某国際機関に手伝いを頼まれた。職員の電力に関する通念と仕事意識を変えたいとのこと。世界銀行での体験を話したらよく効いた。以下、そのときの講話の抜粋……。

「世界各国が直面する開発問題への解答は、何をすべきかにではなく、すべきことをどう捉えるかにある」

「エネルギー関係の仕事に就く皆さんは、電力という言葉から何を連想するのだろう？（大型ダム……太陽光発電……発電タービンの音……）なるほど……。皆さんが抱くイメージには、人間の影さえ写っていない！（笑）」

「その人がいる所へ、皆さんを案内しよう」

「インドの内陸奥深い在所。わらぶき屋根に土壁の農家。真っ暗な家の中。かまどからちらちら漏れる薪の火。猛煙の中、土間にしゃがんだ人の影。背の乳飲み子をあやしながらパンの生地を練り、平らに潰してかまどの壁にたたき付け、煮えたぎる鍋の中身をかき回し、くるくる働くその人。乳飲み子の小さな咳《せき》が止まらない。苦しそうに泣く子の背をたたきながら、その人も咳き込む。振り返って恥ずかしそうに微笑む彼女の目は真っ赤に充血し、止まぬ涙で頬がひび割れている……」

「かまどの煙は、ほとんどの病気を上回る死亡原因。毎年約二〇〇万人の女子供を全世界の途上国で殺している。インドでは、母親の背で煙にさらされる幼児の急性呼吸器官炎症や伝染病の感染率が、通常の六倍にもなる。きれいな電気を引くだけで、五歳以下の幼児死亡率があっという間に半減する」

「痩せ細った少女が薪を運んできた。ひと束は頭に、もうひと束は腰に、灼熱《しゃくねつ》の空の下を何時間もかけて集め歩いた薪。その薪を土間に置いてしゃがみ込んだまま死んだように動かないその人。二十歳に満たない彼女のお腹が大きく膨らんでいる……」

「薪集めや水汲みの重労働に女性が毎日平均六〜七時間を費やすインド農村地帯では、流産の確率が三割にもなる。その重労働は、農村での発生率が異常に高い子宮脱出症の主要原因でもある。煙たい台所に入り浸る妊婦の死産率は、通常の二倍」

「医療部門援助のみで防ぐことは不可能。癒やす力は電力にある」

「人の命や病の苦しみを金に換算することはできない。しかし、無煙かまどを備えるだけで、毎年一人あたり五〇〇〇円から一万円の医療費が節約され、それだけ国の財政負担も節減される計算になる。電気を引けば、その倍の一〜二万円の節約になる。貧民人口世界一のインドはもとより、途上国経済に与える影響は、膨大だ」

「室内汚染は殺人魔。この発見は、電力開発事業の社会利益に関する判断基準を、塗り替えた」

「医学者や、エコノミスト、エンジニアなど、多分野にわたる世銀の専門家が、情熱をひとつにして成した調査の結果だ。その情熱の原点は、かまどの煙に潜む魔を自分の体で知った現場体験。人の命にかかわることだと、大組織世銀を動かした」

「何をすべきかではなく、すべきことをどう捉えるか。この違いが、組織を動かし、社会を変え、人の命さえをも救う……」

電気のように、まことに大切なものは、失って初めて宝と知る。

まるで空気のようにさえ感じる我が国の電気は、世界最高の品質を誇る。ノートパソコンを片手に旅するようになって長いが、帰国するたびにほっとする。発展途上国はもとより、欧米諸国でさえも、停電や低質な電気が心配で、電圧急上昇保護装置は必需品。パソコンの電源プラグを壁ソケットに直接差し込むなど、とんでもない。

東日本大震災直後から、電力関連業界の大勢の方々が、身の危険さえ顧みぬ壮絶な復旧活動に就かれている。電気は宝と知る方々の献身的な熱意。これこそ我が国の宝と捉え、忘れてはならない。

（二〇一一年四月）

# 肝っ玉社長！

東日本大震災以来、多くの読者が、二年前に書いた本稿へ感想を寄せてくださる。アメリカ発金融危機が突発した頃で、世界銀行のリスク管理責任者だったときの経験を紹介した稿だ（四十七頁「リスク管理は自己管理」）。

国や企業のリスク管理体制が、多角面から見直されているのだろう。古い稿の再掲載を希望する読者も少なくない。コメントが集中した部分を抜粋してみよう。

＊

「州の権限が強い（アメリカ）合衆国の金融部門監督制度は複雑で、昔から監督漏れがいろいろあった。危機はその隙間から始まったが、火の元は人間。監督制度ではない。……金融部門で働く人の価値観が信頼を欠くものなら、間違いは必ず起こる」

「（私の）あだ名は、Chief Constable（警察部長）。……真剣勝負の毎日で、嫌われやすい任務だった。が、敬遠されると仕事にならない。『警察部長ではありません。リスク管理は自己管理。精神病院の院長です！』と始終人を笑わせていた。世銀を動かす人間の価値観を管理せずにはリスク管理などできないのだから、当たり前のことを言ったまで」

「人間の脳と本能は痛いものを避けるようにできているのか、リスクの話になると、とたんに楽天主義者になってしまう。リスクとは知っても、まさか現実にはなるまいと望むのが心理なのだろう」

「だから『リスクを確認したら最悪状態が起こる確率を一〇〇パーセントと覚悟して、対応体制を整えよう。当たったら図星正解祝賀会。外れて残念安堵会。どちらにしても大いに祝おう』が口癖になった。口先だけでは信じてもらえないから警察部長の懐は痛い。頻繁にシャンペンを抜いて部下や同僚たちにふるまった」

「おもしろいもので『悪質なリスクを指摘しても、叱られないどころか褒められる。悪い知らせを喜んでくれる』とうれしがられ、正直を商売に貫く価値観が定着した。癖になると見えないものも見えてくるらしく、優秀な部下たちは次々と素晴らしい仕事をしてくれた」

*

感想を頂戴した読者は、業界も地位も職種もさまざまで、具体的な懸念もそれぞれ異なる。

「リスクの想定そのものに妥協的な先入観が入る」。「極限最悪リスクの可能性や相関性から目を背ける」。「対応態勢に危機感がない」

しかし、読者の心配は共通して机上の計画。その一人、面識なしでもメル友的なおつきあいが始まった某企業社長の問いが、問題意識の要をついている。「どうすれば我が社のリスク管理体制に肝っ魂を入れることができるのか」

人のためになればと快く許可をいただいたので、この質問を受けたときのチャットメールを一部紹介しよう。

「すべては、社長ご自身が、腹の底から本心本気で悩むことから始まります」

「悩んでいるから相談している」

「末期癌《がん》、余命わずかの告知を受けたようなお気持ちで？」

「それは大げさだろう……」

「ならば本気とは言えません。社員はお見透し。肝っ魂の入ったリスク管理など、なくて当然です」

「本気で悩んでどうなる？」

「癌告知を受けたら、どうなさいます？」

「まず家族にＳＯＳだ」

「ならば社員が家族です。一緒に悩んでもらってください。本物のリスク管理に必要なのは社員の知識と経験です。非常時、社長の指揮下、管理体制を動かすのも社員です。社長と社員が一体になり知恵を出し合ってこそ、血の通うリスク管理ができあがるのです」

「よしわかった。やってみる！」

「Enjoy 肝っ魂社長！」

（二〇一一年五月）

## 節電ばんざい！

帰国のつど進展を見る日本の電化生活に戸惑い、やり過ぎだと感じるようになって、久しい。だからか、節電のお願いに「ご不便をおかけしますが」とあるのを読んで、つい笑ってしまった。

七年前英領バージン諸島に移って、初めての電気料金請求書に仰天した。島人の生活の知恵が積もり重なる古民家の我が家は、裏山と庭の樹木に西日を遮らせて、大西洋を渡り来る貿易風に涼を求める。冷房知らずの生活なのになぜだろうと、計算してみて驚いた。一キロワット時あたり二十五セント。住み慣れた米国では八セント、日本でも二十セントを切っていた頃のこと。当時は、デンマークに次いで世界第二位の料金だった。今は五十セント前後だから、世界最高の料金だろう。

一九六〇年代まで無電島だったせいか、高い料金の文句など聞いたことがない。「ありがたい」と節約する土地の人に倣おうと、せっせと節電を始めた。

まず家中の白熱電球を電球型蛍光灯に替えた。使わない部屋の電灯は必ず消し、待機電力ゼロを目標にプラグを抜く習慣もついた。

それでも毎月の請求書はあいかわらずお高い。そのうえ、頻繁な停電も頭痛の種になった。重油火力発電に頼る島国だが、タンカーが入れる港などない。沖に停泊する小型タンカーが重油をパイプで送り込むから、シケが続けば停電になる。小国の悲しさで、タービン一機が故障しても、てきめん停電になる。

その停電が、抹茶アイスクリームを作っている最中に来た。夫の好物がだいなしになって、やっと堪忍袋の緒が切れた。再生可能エネルギーのことを初めて真剣に考えた。口では偉そうなことを言っても、家で実行したことがなかった。頭とハートがつながっていなかった自分を知り、恥じた。

常夏の島のこと、太陽光線はふんだんにある。高い電気のおかげでペイバック期間が短く、夫いわく「整備も自分でできる」からと、太陽光発電に決めた。

「健康診断!」と、島の陽気な電気屋さんが家電の消費電力監査にやって来た。冷蔵庫を筆頭に、電力を熱エネルギーに変える家電は電気の大食いだと知った。「生活習慣を変えないと、家計やこの島どころか地球を食いつぶすぞ」と、電気屋さんに叱られた。

まずは冷蔵庫。温度設定を下げ買いだめをやめた。すると料理の工夫が楽しくなり、無駄が省け、食費の節約につながった。

電気湯沸かし器を外し太陽熱温水器に変えたら、熱々の湯で白ものの洗濯がたいへん楽になった。乾燥機も失業。太陽の香りと、殺菌・漂白力に驚き、数々の洗濯薬剤も解雇。肌にやさしく、経済的だ。

もちろん電気ポットにもおさらば。気のせいか、ガスでも、火で沸かす湯の味はいい。コーヒーは手でドリップ。漂う香りを楽しみながら魔法瓶に直接入れる。コーヒー党の夫がこんなにおいしいものだったかと感激してくれた。

電気釜でご飯を炊くなどとんでもない。「始めチョロチョロ、中パッパ、赤子泣いても蓋とるな」と、母の教えを思い出しながら楽しく。これも気のせいか、ふっくらご飯も、おまけのお焦げも、電気釜より格段おいしい。

トースターにも別れを告げた。ガスオーブンで焼く自家製のパンは、そのままが最高。イーストの香りを楽しみながら膨らむのを待つ読書時間が、楽しみになった。

ヘアドライヤーも消えた。自然乾燥の髪はさらりと機嫌よく、夫の悩みのフケも消えた。

日中の余剰電気は逆潮流で電力会社に売る。商売気を出した夫が逆回りするメーターを見て喜ぶ。掃除機と洗濯機は、太陽と夫のご機嫌をうかがってからになった。

電気代が六割減った。嫌いな家事が大好きになった。高い電気が豊かな生活を運んでくれた。

節電生活ばんざい！

（二〇一一年七月）

## 我らの節水、我が国の節電

帰国して蛇口をひねるつど、手を合わせたくなる。日本を離れて以来、水道の水を安心して飲める国に住んだことがないからだ。

平成十六年度の国土庁水資源白書によると、水道の水をそのまま飲める国は、世界でたった九カ国（アイスランド、アイルランド、ドイツ、ナミビア、日本、ニュージーランド、フィンランド、南アフリカ、モザンビーク）。注意をすれば飲める国（イタリア、英国、オランダ、スイス、フランス等）を加えても約二十カ国と、ごくわずかである。住み慣れた米国首都ワシントンでは、古い水道管からくる鉛害を恐れ、水道水の濾《ろ》過は欠かせなかった。第二の故郷、英領バージン諸島では、ほとんどの生活水を雨水に頼る。

英領バージン諸島に川はない。海岸沿いの平地に海水湖はあっても淡水湖はない。井戸を掘っても真水は出ない。原生林に深々と覆われていた昔は、清水の湧く泉が所々にあったらしいが、今はその面影しか残らない。

植民地時代にマホガニーなどの高級樹木が乱伐され、原生林はサトウキビや海島綿《かいとうめん》を栽培する荘園に変貌した。険しい山脈がどっぷり海に浸かった島々のこと、急勾配な地形に極端に狭い流域面積が重なり、地層は浸食を受けやすい。断片的な豪雨が到来する雨期に降水量が偏ることもあって、肥沃な壌土層は破壊的な打撃を受けた。

荘園経済が廃退してから一世紀半の時が流れた。その跡を覆う森林は復元したが、保水機能の回復までにはまだ遠い。

島民は、雨水を貯めて生活用水を確保してきた。昔から家屋は貧相でも貯水槽は立派な石造り。屋根と貯水槽をつなぐ雨樋《あまどい》が、命綱である。

我が家にも二万リットルほどの貯水槽がある。たいそうな量に聞こえるが、とんでもない。東京都水道局の平成二十一年度生活用水実態調査によると、一般家庭の毎月平均使用水量は一人あたり約八〇〇〇リットル。四人家族では、二万五〇〇〇リットルとある。日本の感覚で「湯水のように」使うことなど、想像もできない。

島民の節水態度はお見事。引っ越したばかりの私たち夫婦を案じて、節水の知恵を伝授しに来てくれた。「水は最低二回使いなさい」と真面目顔。雑巾がけの水は庭木に。洗顔や手洗いの水は流しの掃除に。皿洗い機は大量の節水になるから、決してぜいたくではないとも教わった。

「愉快な常夏の楽園じゃ、大きいときだけ流すのじゃ」と、子供に教える歌を唄いながら、水洗便所の使用法まで教えてくれた。「臭いが気になるのなら」と笑って、重曹の大箱を引っ越し祝いに贈ってくれた。

「流しっぱなしをしたら逮捕されるぞ」と、シャワーの使い方も伝授。「まず体をぬらして栓を止め、石鹸を使ってからまた開く」。風呂はぜいたく、海に浸かったほうが肌にも体にもいいからと、熱心に勧める。確かに、冷たい温泉の湯治と似通うところが大いにある。

そして「我らの節水、我が島の節電」と、島民の心構えをたたき込まれた。上下水道は電力の大食いだと初めて知った。近年、海水淡水化技術のおかげで上水道は完備したが、島民は雨水に頼り続け、水道水は乾期の予備用に使う。下水は昔も今も自家処理をして庭を潤すように設計されるから、下水道施設は無用だと主張する。

日本の上下水道も例外ではない。東京都の場合、一般家庭十数万世帯の消費量に等しい約四十万キロワットの大口需要施設だ。正に「我らの節水、我が国の節電」である。

英領バージン諸島の人々は、雨と来客を神の恵みと歓《よろこ》び、客には必ずよく冷やした水を出す。一滴たりとも無駄にせず、思い思いに工夫をこらし濾過殺菌した天水だ。その甘露《かんろ》に舌鼓を打つとき、「我らの節水、我が島の節電」と教える民の公共精神に、頭が下がる。

（二〇一一年八月）

# 解説

藤沢久美

本書をここまで読み進めながら、読者の方々は、いったい何度、涙を拭われただろうか。ページをめくるたびに、目頭が熱くなる。読者の涙をこれほどに容赦なく誘う著者、西水美恵子さんもまた、現実の人生の中で、人一倍涙を流されたのではないかと思う。本書の中で、最も多く出てきた言葉の一つが、「泣いた」という言葉だろう。読み進めるごとに、行間に堰き止められていた西水さんの流した涙があふれ出てくるような気がする。

そして、本書を読み終えたとき、心が軽くなっていることに気づく。涙とともに、心にあったバリアが流し去られたからかもしれない。ずっと心の中にしまっていた思いを、西水さんが、優しく引き出してくれた。「恥ずかしがらなくて良いのよ。何も怖くないのよ。ありのままの気持ちを言葉にしても良いのよ」。まるで子供を諭すかのように、心のバリアを一枚ずつ、優しく流し去り、そして、裸になった心に戸惑う私の背中に優しく手を置き、一緒に歩を進めてくださる。

西水さんは、本書の中で、読者に対して、何かを強いることはなく、ご自身の体験に思いを重ね、語っていらっしゃるだけだ。それなのに、自然に、読んでいる私の心が裸になっていく。そして、勇気がわいてくる。

本当に不思議。こんなに優しく、そして慈愛を持って勇気というものを教えてくださるなんて。

ここまで書いて、はたと我にかえった。私の役割は、本書の解説だ。国語辞典によれば、解説とは、「物事の要点・意味などをわかりやすく説明すること」だそうだ。しかし、心に直接、深く響く本書に、説明の言葉を重ねることよりも、私の心が感じたままを、西水さんの温かいハートを感じながら書いてみたい。

五年前、私は、ダボス会議を主催するシンクタンク、世界経済フォーラムから、ヤンググローバルリーダーズというコミュニティへ参加の機会をいただき、以来、世界三十カ国を訪問した。もちろん、現地でのプログラムへの参加権は与えられるものの、各国への訪問はすべて自費。楽ではないけれど、留学と起業を天秤にかけ起業を選んだ私にとって、これは分散型留学だと腹を決め、参加可能なものがあれば、できる限り参加した。

　そこで目にしたものは、まさに西水さんが本書で書かれているような世界の現実。途上国や新興国のみならず、先進国を訪問してさえも、日本に住む私たちが、いかに恵まれた存在であるかを痛感する。しかし、同時に、私たちにやらなくてはいけないことがあると心が熱くなる。

　日本で生活していると、海外の素晴らしい事例がメディアを通じて紹介され、いつもどこか、日本は遅れているという印象を受ける。しかし現実は違う。どこの国にも、日本で私たちが感じるような悩みや苦しみがあり、それを乗り越えていくために、さまざまな挑戦を繰り返している。たとえば、福祉国家と讃えられる北欧も、現地に行ってみると、一人ひとりの国民が福祉国家を実現するまでに、大きな意識改革をしていることを知る。福祉国家を機能させるために必要なのは、互いに支え合う意識と強力な自己責任だ。誰もが若いうちから老後の資金を自ら準備し、健康を管理し、自分の可能性を拓き、できることなら国の世話にならずに人生を終えるよう努力している。福祉国家は、皆がいずれ国に面倒を見てもらえると思って生きる国ではない。いよいよ自らの力で生きることができなくなったときに助け合える国なのだ。だから、一人ひとりは、生活の自立を目指し、精神の自律を重んじている。けれども、これもまた完成している訳ではない。二〇一一年のノルウェーでの乱射事件に見るように、社会のどこかにひずみが生じていたりする。諸行無常の世界の中で、より良い「無常」をいかに実現するかに挑戦し続けることが、人間が構成する社会の宿命なのかもしれない。

ブータンもきっとそうなのだと思う。素晴らしい王様がいて、国民が王様にすべてを委ねている訳ではないのだと思う。本書では、雷龍王四世が、数十年かけて全土を回り民主化を進められた過程で、「民主制に不安を隠さぬ国民を諭した言葉」が紹介されている。今は、国民の大半が幸せを感じるブータンでも、かの雷龍王四世が即位された直後のブータンには、変化に不安を感じる人たちがいた。しかし今は、国民一人ひとりが、国づくりのメンバーとして自覚する民主国家を実現している。

一方、民主化の国インドで、こんな現実を見た。それは昨年のこと。一〇〇万人が住む世界最大と言われるムンバイのスラムを訪問したときのことだ。閉ざされた建物の中で、住民たちは、ペットボトルを溶かしてペレットを作り、アルミニウムを溶かして再生アルミニウム板を製造していた。私はスラム訪問中から頭痛が始まり、帰国後一カ月間、咳が止まらなかった。しかし、このスラムの劣悪な環境の改善は、遅々として進まない。その理由が、民主主義なのだと現地の人は言う。スラムの住民たちは、他のムンバイ市民のように税金や光熱費を払いたくないそうで、もし政治家が、スラムの環境を改善し、一般市民と同じ環境にしようと宣言したならば、その政治家は、選挙権を持つスラムの住人たちから票を得られず、落選の憂き目に遭う可能性が高い。そのため、政治家たちは、住民の意思に従わざるを得ないのだと言う。

もっともなようで、おかしな話である。もちろん、スラムの一人ひとりに、共に社会を改善していく思いになってもらうのは、至難の業だと思う。しかし、雷龍王やガンジーのように、現地に赴き、耳を傾け、語り続ける努力を実行している政治家は、いるのだろうか。

そして、改めて思う。全国民の生活する場所に赴き、声に耳を傾け、語りかけ、民主化を実現された雷龍王四世の尽力は、私の想像力ではとても思い及ばないほどの偉業であり、だからこそ、世界が注目するほどの国民幸福度の高い民主化を実現したのだろう。

ところで、雷龍王四世が民主化を進められた時代と現在とで決定的に異なるのは、インターネットの存在だ。個人的には、遠くバージン諸島にお住まいの西水さんの近況を、いつでもFacebookを通じて、知ることができるのはとてもうれしいことだが、マクロに見れば、国が、民主化しているかどうかにかかわらず、民主的なプロセスが勝手に起こる世の中になった。ますます一人ひとりの人間の意識如何で、世界は動く。しかも国境を越えて。

翻って日本では、バブル崩壊後、長らく改革のリーダーを求めてきた。しかし、総理大臣が毎年のように交代する現実を目の当たりに、リーダーを求めてきた自らの姿勢を振り返るべき時が来ているように思う。改革には痛みを伴うと頭ではわかっていながら、自分の痛みや努力は最小限で、リーダーが世の中を良くしてくれるという幻想があったように思う。私たち、一人ひとりの意識が変わらなければ、きっと本当に日本を変えるリーダーは出てこないのだろう。それがインターネット社会の現実でもある。なぜなら、雷龍王四世のような素晴らしいリーダーが現れ、各地を行脚してくださったとしても、インターネットは、大変な勢いで変化を嫌う人々の力からなる情報を流布し、改革のリーダーの足を引っ張るだろう。そして、メディアがそれに加担する。その情報に選挙民は流され、結果として改革は遅々として進まない。

しかし、落胆する必要はない。必ず、人間の意識は、良き方向に変わると思う。そのことを確信するのは、日本の多くの中小企業を取材してきた経験からだ。本書でも紹介されている坂本光司先生の『日本でいちばん大切にしたい会社』（あさ出版、二〇〇八年）に登場する会社にもおうかがいしたことがある。私自身の二〇〇五年の拙著『なぜ、御用聞きビジネスが伸びているのか』（ダイヤモンド社）にも、伊奈食品などを紹介している。この本は、今年米国で、『Human centric business（人間中心の経営）』というタイトルで英語版が出る予定だ。日本で長きにわたり黒字を維持している中小企業は、必ず人間を大切にしている。

何しろ地方の小さな企業は、大企業のように人を選別して採用することはできない。働きたいと入社してくれる人は、大切な仲間であり、経営者は、その人の一生を預かるつもりで、成長を支える。西水さんが世銀改革で実践されたように、家族のことも考える。従業員が生活する地域のことも考える。当然のことながら、よほどのことがない限り解雇もしない。景気に波があることを前提に、経営をしている。つねに最悪の場合に備え、最悪の事態が起きても、従業員が不安と路頭に迷わないために何をするべきかを考えている。リスク管理が徹底されている。それは、国際基準のＩＦＲＳとは違うかもしれないが、それよりもずっと実効性があると思う。

また、こうした企業の経営者たちは、社員の中に役に立たない人はいないと言う。誰もが光る石の原石なのだと言う。それぞれがもつ色を見つけ出すことが経営者の仕事であり、必ず光ると信じきる能力が経営者の資質だと言う。経営者が原石の色を見いだし、本人と仲間に伝える。そして原石は、仲間と一緒に互いに磨き合うことで、光る石へと成長していく。それが、結果として七色に輝く会社の姿となる。

さらに、こうした経営者は言う。闘ってはいけないと。闘うことは、敗者を生むことであり、相手から何かを奪うことになる。そこには憎しみが生まれる。中国の史実などを読んでも明らかだが、憎しみほど、代々長く引き継がれるものはない。だからこそ、憎しみの生まれる闘いをしてはいけないと言う。ならばどうすれば良いのか。つねに新しい市場を生み出すのだという。簡単ではないと思うが、社会をより良くしたいと思っていれば、新しい市場のタネは至る所にあるのだそうだ。もし、私たちが闘うことがあるとすれば、その相手は、自分の中にある安きに流れる自分の心なのだろう。

そして、これらの企業の現場は、どこも明るい。西水さんがおっしゃるように、みんなが楽しそうに働いている。一人ひとりが、自分が役に立っていることを実感している。特に社員の少ない企業にとっては、社員一人ひとりの存在は大きい。十人の会社なら、一人の社員の力は会社の十分の一である。責任の重さを感じるが、やりがいにつながっている。こうした企業で働くうちに、変わっていく人たちをたくさん見た。大人になってからでも、人は変わっていく。喜びを体験するたびに、人はその喜びをもっと多くの人に与えたいと思う。自分の成長の喜びもまた同様だ。

こうした人が成長する企業は、中小企業だけの特権ではない。西水さんが改革を成し遂げられた世界銀行のような大企業でも経営者次第、部門長次第で変わる。組織の大小にかかわらず、こうした企業が増えていけば、ネットを通じて変化の足を引っ張る情報圧力からも身を守ることができるに違いない。何よりも職場には、互いに信じ、思いを共有できる仲間がいる。

こうした人を大切にする経営は、これから世界のさまざまな課題の解決の糸口になるのではないだろうか。ヤンググローバルリーダーとして訪問する先は、途上国や新興国が多い。中でも難民キャンプや貧困にあえぐ村など、グローバルプロブレムと呼ばれる課題を抱える場所が多く、そこにはいつも、多くの子供たちがいる。配給生活を送る難民キャンプの子供が、いつか自分で食べるものや着るものを選ぶ自由を手にしたいから勉強をするのだと語り、車で首都から二時間しか離れていない農村の子供が、いつか首都に両親を連れて行ってあげたいから、勉強して職を得たいと言う。

ルワンダの小学校を訪れたときのことだった。子供たちに取り囲まれて、質問を受けた。「How old are you?（何歳ですか？）」と子供たちに聞かれ、なぜそんな質問をするのかと笑いながら「四十二」と答えたところ、子供たちから悲鳴があがった。何を騒いでいるのかと思ったら、「もう死ぬ!!」と騒いでいる。彼らが住む貧しい村では、四十歳が平均寿命。一生懸命勉強し夢を語る小学生と、かたや気ままに生きてきた私に残されている命は、平均寿命を元に比べたら、私の方が長い。四十歳を過ぎた私が、あどけない小学生の彼らよりも長い残りの人生を与えられている現実に、えも言えぬ気持ちになった。そして思った。目の前にいる子供たちは、もしかしたら、私たちのご先祖様の姿かもしれない。仕事に就きたい、自由になるお金がほしい、車がほしいと夢を語り、勉学に励む子供たちの姿に、貧しい時代に、豊かな未来を夢見て、一生懸命生きた先輩たちの姿を見た。こうした先輩たちがいたからこそ、今の私たちがある。私たちは、こうした先輩たちの姿を意識せぬまま大人になってしまったのではないだろうか。先輩たちへの感謝の気持ちを持っているだろうか。先輩たちのように未来を見つめているだろうか。

そしてまた、思った。ルワンダの子供たちから見る私は、未来人かもしれない。彼らががんばった暁にやってくるかもしれない未来。「その未来は、どんな未来なの?」と問われたら、何と答えればいいだろうか。「あなたたちが望む通り、経済的にも物質的にも豊かになって、自由になって、誰もが学校に進めるし、誰もが好きな仕事に就くことができる時代がやってくるのよ。でもね。自由が多くなりすぎて、何をしたらいいかわからなくなる人や、安心が広がりすぎて、何かに一生懸命になることや感謝することを忘れてしまう人が増えて、交通事故で亡くなる人よりも数多くの人が自ら命を断ってしまうのよ」。そんな未来を語ってもいいのだろうか。

なぜ、豊かになったら、自殺をする人が増えてしまうのか。そのことを考えるとき、日本の若者たちを「草食系」と呼び、ハングリーさが足りないと指摘される先輩たちのことを思う。確かに、先輩たちは若い頃、ルワンダの子供たち同様にハングリーだっただろう。しかし私は、この先輩たちの指摘に疑問を感じる。若者の仕事は、その時代の社会に足りないものを見つけ出し、それを指摘し、それを求めることではないだろうか。先輩たちが若者だった時代に足りなかったのは、確かに、お金やモノだったかもしれない。しかし、今、社会に足りないのは、お金やモノではなく、互いに人を思いやることや互いに助け合うことなど、目に見えない「人の心」なのだと思う。今の若者たちは、そうした「心」にハングリーなのだ。その姿は、先輩から見れば、ハングリーに見えないかもしれないが、彼らは、かつて先輩たちがお金やモノに感じたのと同じくらい、「人の心」にハングリーになっていると思う。だから、社会貢献や社会企業という言葉に惹かれ、東日本大震災の際も、多くの若者が会社を辞めてまで、被災地でボランティア活動に取り組んだのだ。一方で、人を思いやる心が見えない仕事には、全力投球ができないのだと思う。もしも、仕事の先に、人を思いやる心や人を幸せにする道筋を見いだしたならば、彼らの仕事の姿勢は変わるに違いない。

お金やモノというハングリー精神を原動力にして経済成長する時代を終えた日本は、お金やモノ以外を原動力にする新たな経済成長の時代を迎えている。もしかしたら、日本だけでなく、世界がその時代を迎えているのかもしれない。

けれども、多くの先進国が、いまだ、社会の底辺に、お金やモノにハングリーな途上国の人々を移民として受け入れ、彼らのモノやお金に対するハングリー精神という原動力を借りて、成長を実現している。貧しい人を移民として送り出している国が経済成長をすれば、また別の貧しい国から移民を受け入れる。まるで焼き畑農業のようだ。つねに貧しい国がなければ、いずれ、先進国も成長できなくなる。

では、今、貧しい国の子供たちが努力し、その国が豊かになったとき、彼らはどうしたらいいのだろうか。現代の先進国のように、かつての自分たちと同じように貧しい国の人々を、自国経済の底辺に置き、彼らのハングリー精神というエンジンを借りて、自らの国のさらなる成長を享受する社会をつくって良いのだろうか。

ところで、現代の日本には、こうした底辺を支える移民を受け入れ、その犠牲の上に成り立つ経済成長の仕組みはない。ならば、日本の世界への貢献は、今の途上国や新興国々が、経済大国になった暁にお手本となるような、誰かを犠牲にすることなく成長する成熟社会を実現することではないか。その小さなモデルが、何十年も黒字を維持し続ける地方の中小企業にあると思う。

私たちは、ブータンからも学ばなくてはいけない。西水さんが縁を得られた多くの貧困の村に生きる人々からも学ばなくてはいけない。そして、西水さんが実現された世界銀行の改革のプロセスからも学ばなくてはいけない。そこには、物質的にも経済的にも豊かになった国が、お金やモノではないものを求めることで、結果として、経済成長する社会をつくるヒントがたくさんある。そして、それを実現するのは、私たち一人ひとりの意識と行動。それは、私たち一人ひとりの中に眠るリーダーが、目を覚ますことから始まる。

［著者］

西水美恵子　Mieko Nishimizu

大阪府豊中市に生まれ、北海道美唄市で育つ。中学3年から上京。東京都立西高校在学中、ロータリークラブ交換留学生として渡米し、そのままガルチャー大学に進学。1970年に卒業後、トーマス・J・ワトソン財団フェローとして帰国。千代田化工建設に席を借りて環境汚染問題の研究に従事した後、再度渡米。1975年、ジョンズ・ホプキンス大学大学院博士課程（経済学）修了。同年、プリンストン大学経済学部兼ウッドロー・ウィルソン・スクールの助教授に就任。1980年、世界銀行に入行。開発政策局・経済開発研究所、産業・エネルギー局、欧州・中東・北アフリカ地域 アフガニスタン・パキスタン・トルコ局、国際復興開発銀行リスク管理・金融政策局局長、南アジア地域アフガニスタン・バングラデシュ・パキスタン・スリランカ局局長などを経て、1997年に南アジア地域副総裁に就任。2003年退職。現在、米国ワシントンと英国領バージン諸島に在留。世界を舞台に執筆や講演、さまざまなアドバイザー活動を続ける。2007年よりシンクタンク・ソフィアバンクのパートナー。

● 英治出版からのお知らせ

本書に関するご意見・ご感想を E-mail（editor@eijipress.co.jp）で受け付けています。また、英治出版ではメールマガジン、ブログ、ツイッターなどで新刊情報やイベント情報を配信しております。ぜひ一度、アクセスしてみてください。

メールマガジン ：会員登録はホームページにて
ブログ ：www.eijipress.co.jp/blog
ツイッター ID ：@eijipress
フェイスブック ：www.facebook.com/eijipress
**※本書公式フェイスブックページ：www.facebook.com/nishimizu**

# あなたの中のリーダーへ


| | |
|---|---|
| 発行日 | 2012年 5月15日 第1版 第1刷 |
| | 2015年 1月10日 第1版 第3刷 |
| 著者 | 西水美恵子（にしみず・みえこ） |
| 発行人 | 原田英治 |
| 発行 | 英治出版株式会社 |
| | 〒150-0022 東京都渋谷区恵比寿南 1-9-12 ピトレスクビル 4F |
| | 電話 03-5773-0193 FAX 03-5773-0194 |
| | http://www.eijipress.co.jp/ |
| プロデューサー | 高野達成 |
| スタッフ | 原田涼子 岩田大志 藤竹賢一郎 山下智也 |
| | 鈴木美穂 下田理 田中三枝 山見玲加 安村侑希子 |
| | 山本有子 茂木香琳 木勢翔太 上村悠也 |
| | 平井萌 土屋文香 足立敬 李俊泰 |
| 印刷・製本 | 大日本印刷株式会社 |
| 装丁 | 英治出版デザイン室 |




ISBN978-4-86276-136-1 C0030 Printed in Japan